도쿄대생이 알려주는 초단기 고효율 학습 전략

반드시 합격하는 사분면 공부법

도쿄대생이 알려주는 초단기 고효율 학습 전략

반드시 합격하는
사분면 공부법

니시오카 잇세이 외 지음 | 고정아 옮김

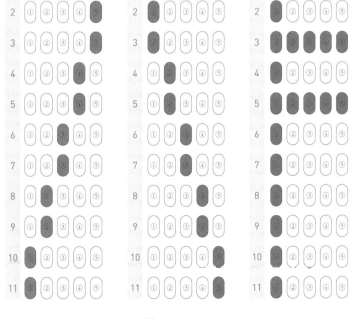

프런티어

공부를 못하는 사람도,
끈기가 없는 사람도
짧은 시간에 빠른 속도로
최대의 성과를 내는 법을
알려드리겠습니다.

수많은 일류대 합격생을 배출하며 깨달은 것

여러분은 자신에게 맞는 노력을 하고 있나요?

대학 입시를 준비하거나 자격증을 취득할 때, 새로운 학문을 접할 때 등 여러분은 자신의 일생에서 매우 많은 시간을 '공부'에 할애하고 있을 것입니다.

그런데 공부에 그렇게 시간을 들이면서도 자신에게 딱 맞는 공부법을 실천하고 있지는 못한 경우가 많습니다.

많은 사람이 자기 몸에 맞지 않는 옷을 입고 있는 듯, 자기에게 맞지 않는 방법으로 공부하는 것이지요. 다시 말해 '자신에게 적합하고 효율적인 노력'을 하지 못하고 있다는 말입니다.

이와 다르게 다양한 형태로 성과를 내고 있는 사람들은 자신에게 적합한 맞춤형 공부법을 실천하고 있는데요. 공부를 시작하기에 앞서 자기에게 맞는 공부법을 찾음으로써 고군분투하지 않아도 성과가 나타나는 것이 아닐지 생각해봅니다.

| 성과를 내기 위한 공부법 전문가 집단 |

우리가 왜 이렇게 생각하는지 설명하기 위해 먼저 저희에 대해 소개부터 할게요.

저희는 '성과를 내는 공부법 연구 집단'으로, 현역 도쿄대생과 유명 입시학원 강사, 대학교 부교수 등 많은 인재가 모여 다음과 같은 활동을 수행하고 있습니다.

- 도쿄대생 300명 이상을 대상으로 한 설문 조사를 통해 그들의 공부 방법, 사용하는 참고서, 생활 습관, 목표 달성 과정에서 겪은 시행착오 등 여러 가지 데

이터를 모읍니다.

- 그들을 인터뷰한 내용을 토대로 대학교 교육학부 교수님들의 의견을 듣고 분석합니다.
- 분석한 결과를 바탕으로 전국의 학교 현장에서 학생들의 생생한 의견을 수집합니다.
- 이 모든 내용을 온라인 미디어를 통해 공개하거나 책으로 발간합니다.

대표 저자는 현역 도쿄대생 작가로, 니시오카 잇세이입니다. 니시오카는 고3 때까지는 하위권 성적에 머물러 있었으나 결국 극적인 반전을 일으키며 도쿄대 합격을 거머쥐었습니다.

우리는 현재 여러 고등학교에서 공부법을 지도하고 있습니다. 우리의 공부법으로 고3 때 수학 0점을 맞았던 학생이나 고3 초기에도 공부 시간이 거의 제로에 가까웠던 학생이 도쿄대에 합격하는 등 많은 성과가 있었습니다.

또한 2023년도 대학 입시에서는 배우 오구라 유코 씨의 대학 입시 준비 과정을 돕기도 했습니다. 텔레비전 예능프로그램의 기획으로 진행한 프로젝트(싱글 맘으로 3명의 아이를 키우며 연기 활동을 하는 오구라 유코를 대학에 합격시키는 기획-옮긴이)에 참여했던 것인데요. 당시 저희가 총출동하여 여러 과목을 분담해 지원하였습니다. 그 결과 비록 1지망인 와세다대학교에는 합격하지 못했지만 가쿠슈인여자대학교 추가 합격, 시라유리여자대학교 합격이라는 쾌거를 이뤄냈지요.

프로젝트를 시작할 당시의 오구라 씨의 바쁜 스케줄과 기초 학력을 생각하면 실로 기적이라고 할 만큼 대단한 성과입니다. 또한 저희 공부법의 탁월한 성과라고도 할 수 있고요.

| 사분면 공부법을 알면 성과는 자연히 따라온다 |
어떻게 이런 극적인 합격이 가능했을까요? 그 이유는 공부를 시작하기 전에 '특정 방법'을 모색하여 실천했기 때

문입니다. 즉 자신에게 적합한 공부법, 노력의 방법을 맞춤형 비법으로써 구축한 것이지요.

공부가 싫은 사람은 억지로 공부를 좋아하지 않아도 됩니다. 싫으면 싫은 대로 노력하는 방법이 있으니까요.

시간이 없는 사람은 무리하게 시간을 짜내지 않아도 됩니다. 시간이 없는 사람 나름의 노력하는 방법이 있거든요.

공부법을 우선시하고 그 공부법에 맞춰 자신을 바꿀 필요도 없습니다. 자신이 먼저고 자신에게 적합한 공부법을 맞춤형으로 만들어나가는 편이 효과가 더 크니까요.

누구든 공부 '이전' 단계의 준비를 통해 노력하는 방법을 바꾸면 성과를 낼 수 있습니다.

이 책에서는 자신만의 맞춤형 공부법인 '사분면 공부법'을 통해 성과를 내는 방법을 알려 드리고자 합니다. 공부를 싫어하는 사람도, 시간이 없는 사람도, 잘 잊어버리는 사람도, 끈기가 없는 사람도 모두 자신에게 적합한 공부법을 찾을 수 있는 그 방법에 관해서 말이죠.

이 책을 끝까지 다 읽은 여러분이 자신만의 공부법을 찾아 '짧은 시간에 빠른 속도로 최대의 성과'를 낼 수 있기를 바랍니다.

	좋아함	싫어함
잘함		
못함		

사분면
공부법이란?

🖊 공부가 싫어도 시간이 없어도 OK!

사분면을 그려보면
자신에게 적합한 공부법이 반드시 보인다

INTRODUCTION

자신의 강점과 약점을 알면
공부법이 보인다

| 열심히 해도 성적이 오르지 않는 사람은 자기 자신을 잘 모르고 있다 |

왜 사람들은 자신에게 맞는 노력을 기울이지 못 하는 걸까요? 가장 큰 원인은 '자기 자신을 잘 모르기 때문'입니다.

전교 꼴찌들을 모아 명문 도쿄대에 합격시키는 과정을 다룬 드라마인 〈드래곤 사쿠라〉에 다음과 같은 대사가 등장합니다.

도쿄대 합격의 첫 번째 비결은 먼저 자신을 아는 것이다!

자신의 힘을 알려고 하지 않는 녀석에게 도쿄대 합격은 있을 수 없다.

맞는 말입니다.

사람들은 자신이 뭘 잘하고 뭘 못하는지, 어떤 식으로 노력하면 좋은 결과를 얻을 수 있는지, 시간을 어떻게 활용하면 좋은 성과를 낼 수 있는지를 모르는 것 같습니다. 그래서 '노력해도 성과가 없는 헛된 노력'을 하는 것입니다.

사실 자신의 의도나 생각이 객관적 데이터와 맞지 않는 일은 매우 흔합니다. 예를 들어 시험을 봤는데 본인이 잘한다고 생각했던 과목의 점수가 예상과 다르게 낮게 나오고 본인이 못한다고 생각했던 과목의 점수가 의외로 높게 나오는 경우가 있습니다.

또, 다른 사람에게 "나의 강점은 이거야"라고 말했을 때 상대방이 "그래, 네가 그런 사람이었나? 나는 네가 이걸 더 잘한다고 생각했는데"라고 말하기도 합니다.

이처럼 인간은 주관과 객관, 즉 '내가 보는 나'와 '남이 보는 나'가 서로 뒤바뀌는 경우가 많은 생물입니다.

그래서 최소의 노력으로 최대의 성과를 내는 사람은 주관과 객관을 일치시키기 위해 조절합니다. 정말로 잘하는지 아니면 정말로 못하는지를 올바르게 파악하기 위해 공부를 시작하기 전에 확인하는 것이지요.

| **사분면을 그리면 자신에게 맞는 공부법을 알 수 있다** |

이 책에서는 자신의 강점과 약점을 바르게 이해하여 성과가 나타나는 노력을 개개인이 할 수 있도록 돕는 방법을 소개합니다. 그리고 설명을 돕기 위해 사용하는 것이 바로 사분면 도식입니다.

공부를 시작하기 전에 자신이 어떻게 노력하면 되는지 사분면을 그려 정리하면 성과로 이어지기 쉽습니다. 이것이 바로 합격하는 사람들이 공부 전에 반드시 하는 것입니다.

사분면 사용법은 다음 3단계와 같습니다.

STEP 1 세로축에는 '잘함'과 '못함', 그리고 가로축에는 '좋아함'과 '싫어함'을 표시하여 사분면으로 나눠지는 표를 그립니다.

STEP 2 각 사분면 안에 자신이 지금부터 자기 분석을 진행하고자 하는 사항을 적습니다.

예를 들어 자신이 수학을 좋아한다고 생각했는데 얼마 전 시험에서 성적이 좋지 않았다면 '좋아함'과 '못함'에 표시하고, 또 자신이 프레젠테이션을 싫어한다고 생각했는데 얼마 전에 진행한 프레젠테이션의 결과가 좋았다면 '싫어함'과 '잘함'에 표시하는 식으로 자기 분석의 결과를 적어나갑니다.

STEP 3 사분면의 각 칸을 완성하여 '좋아함', '싫어함', '잘함', '못함'이라는 주관적 생각과 객관적 사실을 가시화합니다.

사분면에서 '좋아함'과 '싫어함'은 주관적 감정을 나타 냅니다. "나는 수학을 좋아한다" 또는 "나는 남 앞에서 말 하는 것을 싫어한다"와 같이 자신의 감정을 명확하게 밝 히는 것이 시작입니다.

반면에 '잘함'과 '못함'은 객관적 데이터를 나타냅니 다. "나는 수학을 잘하지 못한다" 또는 "나는 남 앞에서 말 하는 것을 잘한다"와 같이 본인 말고 다른 사람이 어떻게 생각하는지, 데이터상으로는 어떻게 나타나는지를 파악 합니다.

이렇게 해서 여러분 각자가 공부해야 할 내용을 다음 과 같이 분류합니다.

- 좋아함 × 잘함
- 좋아함 × 못함

- 싫어함 × 잘함

- 싫어함 × 못함

일단은 눈에 보이도록 '가시화하는 것'이 중요합니다.

	좋아함	싫어함
잘함		
못함		

| 네 가지로 분류하는 이유는 각각 공부법이 다르기 때문! |

사분면을 활용해 한눈에 보이도록 가시화하는 이유는 네 가지로 분류한 각 항목마다 공부법이 다르기 때문인데요.

예를 들어 '좋아하는데 잘하지는 못하는' 과목에 적합한 공부법으로 '하기도 싫고 잘하지도 못하는' 공부법을 사용한다면 아무리 공부해도 성과로 이어지지 않습니다. 즉, 소용없는 노력을 되풀이하게 되는 것이지요.

사분면을 이용해 자신의 '좋고 싫음'과 '잘하고 못함'을 정리하면 자신이 어떤 과목을 공부할 때 그에 맞는 최적의 공부법이 무엇인지를 명확히 할 수 있습니다.

그러면 이제 각각에 맞는 공부법을 구체적으로 살펴볼까요.

먼저 사분면 왼쪽 위 칸에 해당하는 '좋아하면서 잘하기도 하는' 과목의 경우에는 대처할 필요가 없습니다. 나머지 부분에 자리한 '싫어함'과 '못함'을 '좋아함'과 '잘함'으로 바꿔가야 하죠.

그럼 각 항목에 적합한 공부법을 하나씩 살펴보기로 하겠습니다.

PART 1 '좋아하는데 잘하지는 못하는' 과목에 대한 공부법

✏ 노력하지 않아도 OK!

'목적과 목표의 구체화'를 통해 자신에게 적합하고 올바른 노력의 방향성을 찾을 수 있다.

먼저 좋아하고 또 열심히 하면 잘할 가능성이 있는데 실제로는 좀처럼 잘되지 않는 과목에 대해서입니다. 이 경우에는 아주 조금의 노력으로도 목표를 달성할 가능성이 크므로 최우선으로 노력할 필요가 있습니다.

그런데 왜 좋아하는데 잘하지는 못하는 걸까요?

노력의 방향성이 틀렸기 때문일 수 있습니다. 계속 열심히 할 수 있는 과목이므로 노력의 방향성을 고민하여 확실하게 궤도 수정할 필요가 있지요.

PART 1에서는 이를 위한 목적과 목표를 세우는 방법에 대해서 설명하고자 합니다.

PART 2 '하기도 싫고 잘하지도 못하는' 과목에 대한 공부법

✏ **자신을 바꾸지 않아도 OK!**

과학적인 루틴 만들기를 통해 '자동 모드'로 공부를 시작할 수 있다.

두 번째는 하기도 싫고 열심히 해도 좀처럼 성적이 오르지 않는 과목에 대해서입니다.

'하기 싫은' 것을 하려면 제대로 시스템을 갖춰야 합니다. 습관화를 통해 꾸준히 노력해 나갈 수 있도록 해야지요.

어떻게 하면 꾸준히 실천할 수 있는 시스템을 만들 수 있을까요? PART 2에서는 이를 위한 공부법을 설명하고자 합니다.

PART 3 '하기는 싫은데 잘하는' 과목에 대한 공부법

 귀차니스트라도 OK!

'시간 대비 성과 극대화'를 위한 4단계를 통해 최소의 시간으로 최대의 효과를 얻을 수 있다.

이번에는 하기는 싫은데 비교적 성적은 나오는 과목에 대해서입니다.

이런 경우 생각해야 하는 포인트는 어떻게 하면 시간을 들이지 않고 성과를 낼 것인가라는 점이 되겠지요. 시간 사용법을 궁리하여 시간을 잘 활용하면 시간 대비 효과, 즉 '시성비'가 뛰어난 좋은 결과를 얻을 수 있습니다.

그래서 PART 3에서는 시간을 효과적으로 활용하는 방법에 대해서 설명하고자 합니다.

PART 4 타고난 머리가 좋아지는 습관

✏ **책상 앞에 앉지 않아도 OK!**

'왜?'라는 의문을 이어나가는 사고법이 머리를 좋게 만든다.

여기서부터는 사분면을 지탱하는 두 가지 토대를 소개합니다.

PART 3까지의 공부법은 그 자체만으로도 충분히 효과적이지만 여기서부터 소개하는 두 가지 토대가 탄탄하면 그 효과가 몇 배로 더 커집니다.

첫 번째 토대는 어떻게 공부하면 타고난 머리가 좋아지는가 하는 배움의 자세에 관한 이야기입니다.

여러분은 진심으로 "저 사람 진짜 똑똑하구나!"라고 생각되는 사람을 만나 본 적 있을까요?

지식이 풍부하고 사고방식이 유연하여 생각지도 못한 각도에서 사물을 바라보는 사람은 말하는 모습만 봐도 괜히 멋있어서 동경하게 되잖아요.

사람들은 보통 그런 똑똑함은 타고난 것이라고 생각합니다. "저 사람은 정말 대단해. 하긴 나랑은 다르니까……"라고 생각하면서 근접해지려는 생각조차 못 하게 되지요.

그런데 사실 그들의 똑똑함은 후천적으로 얻어진 것입니다. 일상의 소소한 습관을 통해 얼마든지 머리가 좋아질 수 있습니다.

PART 4에서는 똑똑한 그들처럼 머리를 좋게 만드는 배움의 자세에 대해 설명합니다.

PART 5 노력을 계속하는 습관

✏ 강한 마음 따위 없어도 OK!

마음가짐을 어떻게 갖느냐에 따라 노력을 효율적으로 지속할 수 있다.

마지막으로는 두 번째 토대인 공부를 지속하기 위한 마

음가짐에 대해 설명합니다.

사실 뭔가를 꾸준히 할 수 있을지 어떨지는 생각을 어떻게 하느냐에 따라 결정되기도 합니다.

이를테면 여러분이 팔굽혀 펴기를 하다가 "이젠 정말 무리야. 더는 못 하겠어"라고 생각했다고 가정해 보겠습니다. 그런데 그때 옆에서 이렇게 응원한다면 의욕이 생기지 않을까요?

"이제 딱 세 번 남았어. 세 번만 더 하면 백 번을 채울 수 있어. 그러니 힘내!"

그러면 "그래? 그렇다면 조금만 더 버텨 보지 뭐!"라는 마음이 들잖아요. 이처럼 조금만 생각을 바꿔도 노력의 마음가짐이 달라집니다.

이 책에서는 이와 같이 사분면의 각 항목에 따라 달라지는 공부법과 머리가 좋아지고 노력을 지속할 수 있는 방법을 소개합니다.

열심히 했음에도 방향성이 잘못된 탓에 성적이 나오지

않는다면 속이 많이 상하겠죠. 그러므로 노력을 시작하기 전에 사분면을 그려서 자신의 상태를 파악한 후, 편안하고 확실하게 성과를 내셨으면 합니다.

	좋아함	싫어함
잘함		
못함	✓	

'좋아하는데 잘하지는 못하는' 과목에 대한 공부법

🖊 노력하지 않아도 OK!

'목적과 목표의 구체화'를 통해 자신에게
적합하고 올바른 노력의 방향성을 찾을 수 있다

'노력하지 말자'를 의식하기

뭘 위해 뭘 할 것인가에만 초점을 맞추자

PART 1에서는 '좋아하는데 잘하지는 못하는' 것, 다시 말해 좋아하는지 싫어하는지를 굳이 따지자면 좋아하는 편이기는 한데 성적이 잘 나오지 않는 과목에 대한 공부법에 관해서 얘기해 보고자 합니다.

좋아하는데 잘하지는 못하는 것에 관한 이야기가 첫 번째인 데는 이유가 있습니다. 그것은 가장 먼저 실행에 옮기기에 적합하기 때문입니다.

자기 분석을 통해 사분면이 완성되었다면 좋아하는데 잘하지는 못하는 과목의 공부부터 시작하기를 추천합니다. 좋아하는데 잘하지는 못하는 경우 노력의 양이 부족하지는 않을 테니까요. 좋아하는 것이니만큼 나름의 노력을 계속할 수 있거든요.

그런데 잘하지 못한다는 것은 '노력의 방향성'이 잘못되었을 가능성이 큽니다. 다시 말해서 노력의 방향성만 수정한다면 성과는 자연히 따라온다는 뜻이 되겠지요.

그러면 이제부터 올바른 노력의 방향성을 찾는 방법을 소개하겠습니다.

│ '노력하면 성과를 얻을 수 있다'는 편향된 믿음 │

저희는 해마다 다양한 학생들을 지도하고 있습니다. 그중에는 대학에 합격하는 학생도 있지만 안타깝게도 떨어지는 학생도 있습니다.

합격 여부는 노력의 양과 공부 시간에 비례하지 않습니다. 열심히 노력했음에도 불합격한 경우가 있는가 하면 여느 학생보다 공부하는 시간이 짧았음에도 합격한 사람이 있거든요.

만일 많은 시간을 들인 사람이 유리하다면 재수생이 더 유리할 텐데 재수생의 합격률과 현역 고3의 합격률을 비교해 보면 사실 큰 차이가 없습니다.

노력하면 성과를 얻을 수 있다.

물론 틀린 얘기는 아닙니다. 그러나 그저 아무 생각 없이 무턱대고 열심히 노력만 한다고 해서 반드시 좋은 결과로 이어지는 것은 아닙니다. 노력의 양보다 질을 높여야만 의미 있는 노력이 되겠죠.

그렇다면 합격한 사람들과 불합격한 사람들 사이에는 어떤 차이가 있을까요? 결론적으로 성과를 내는 사람과 그렇지 못한 사람의 가장 큰 차이는 '목적의식'에 있습니다.

저희는 학생들에게 이렇게 말합니다.

노력하지 말 것, 이것이 바로 도쿄대 합격을 위한 첫걸음이다.

"노력하지 말라니! 아니, 노력하지 않고도 시험에 합격할 수 있나요?"라고 생각할 사람이 많을 텐데요. 노력하지 말라고 한 것은 목적이 있을 때 노력하는 것은 지극히 당연한 일이지만, 어떤 사람에게는 '열심히 노력한다는 것' 자체가 목적이 되어 버릴 수도 있기 때문입니다.

| 공부의 효과는 '목적'에 따라 결정된다 |

이 책의 대표 저자 니시오카 잇세이는 처음 공부를 시작할 때 무조건 다른 누구보다 오래 공부하겠다는 마음을 먹었다고 합니다. 잠자는 시간을 줄이고 씻거나 밥을 먹을 때조차도 공부하며 오로지 공부 시간을 늘리는 데에만 집중했다고 해요.

그 결과 성적이 일정 수준까지는 올랐다고 합니다. 노력의 양으로 승부를 걸어 최하위권에서 중상위권으로 올라섰지요.

하지만 노력하는 것만으로는 그 이상의 성적 향상은 어려웠습니다. 좀 더 확고하게 상위권을 유지하고 최상위권까지 도달하려면 막무가내식 노력으로는 한계가 있었던 거죠.

성과로 이어지는 노력을 하기 위해서는 그 노력의 목적을 생각해야 합니다. 예를 들어 공부를 3시간 한다고 했을 때 그 시간 내내 참고서만 읽다가 끝낼 수도 있잖아요.

종종 도쿄대에 합격하려면 하루에 몇 시간 정도를 공부해야 하는지에 대한 질문을 받는데, 저희도 이 질문을 많은 도쿄대생에게 해봤습니다. 그러자 모두 한결같이 명한 얼굴로 이렇게 대답하더군요.

"시간이 중요하다고 생각하지는 않아서 몇 시간 공부했는지를 따져 본 적은 없어요."

이 대답만 봐도 알 수 있듯이 도쿄대생들은 열심히 노력하는 것에 목매지 않습니다.

결과적으로 노력이 쌓인 것일 뿐이지, 노력은 목적이 아닙니다. '시간'이 먼저가 아니라 '목적'이 먼저라는 뜻이지요. 이러한 목적의식을 마지막까지 이어가는 수험생만이 결국 합격할 수 있습니다.

중요한 것은 '목적을 염두에 두는 것'입니다. 뭘 해야 하는지 안다면 책임지고 성과를 내는 일에 몰두할 수 있게 됩니다.

 STEP 1 **핵심 포인트**

• 노력은 금지
• 뭘 위해 뭘 할 것인가에만 초점을 맞추자.

STEP 2

세분화를 통해 자신을 파악하기
명확한 목적을 얻기 위해 현 상황을 분석하자

그렇다면 '목적'을 가지려면 어떻게 하면 될까요?

공부, 운동, 비즈니스 등 어떤 분야에서건 모두 마찬가지로 목적을 명확히 하기 위해서는 세분화하여 분석하는 과정이 필요합니다.

자신이 도대체 무엇 때문에 실패하는지, 또 무엇을 잘하는지, 그리고 앞으로 어떤 점을 발전시켜야 하는지를 제대로 분석해야지요.

저희는 전국의 학교를 돌며 학생들에게 강의를 할 때마다 "여러분은 영어를 잘하나요? 현재 자신의 영어 실력을 분석해 보세요"라는 질문을 하곤 합니다. 그러면 대체로 "영어를 못해요" 또는 "영어가 서툴러요"라는 대답이 돌아오는데, 그것을 가지고 자신의 현재 상태에 대한 분석이라는 학생들이 많더군요. 하지만 이것으로는 부족합니다.

"영어를 못해요"라고 자신의 현 상황, 즉 자신의 영어 실력을 분석한 학생에게 "그러면 이제 뭘 어떻게 할거죠?"라고 물으면 "지금부터 영어 공부를 열심히 하려고요"라는 막연한 대답을 하곤 합니다.

결국 '왜 영어를 못하는지', '어떻게 하면 영어를 잘할 수 있는지'를 알 수 없게 되는 것이지요. 이러면 아무리 시간이 지나도 발전하지 못하고 제자리걸음인 상태로 머물게 될 뿐 아니라 노력한다고 해도 소용없는 노력이 되고 맙니다.

| 현 상황을 세분화하면 대책을 세울 수 있다 |

중요한 것은 자신의 현 상황을 세분화하여 분석하는 일입니다. 영어 공부도 영역별로 나뉩니다. 영어 듣기, 영문법, 영작문, 영어 회화와 같이 세분화할 수 있지요. 이 중에 무엇을 못해서 성적이 낮은 것인지 확실하게 알지 못하면 아무 의미가 없는 것이죠.

더 나아가 영역별로 세분화했더라도 각각의 레벨이 다릅니다.

영문법만 하더라도 기초부터 고급까지 다양하며, 또 영어 해석은 잘하면서 작문은 잘하지 못할 수도 있습니다. 거듭 말하지만 중요한 것은 제대로 세분화하여 분석해야 한다는 사실입니다.

먼저 현 상황을 분석하기 전에 구성 요소를 철저히 세분화합니다. '영어 공부'라는 하나로 뭉뚱그리지 말고 영어 듣기, 영문법과 같이 구체적으로 말이죠. 만약 영문법을 골랐다면 그중에서도 '관계사와 관련한 기초 문제'처럼 파악하기 쉽게 분석해야 합니다.

이처럼 구체적으로 세분화하고 나면 그다음은 간단합니다. 세분화한 요소에 대해서 대책을 세워나가기만 하면 되거든요.

이것은 비단 입시 과목에만 국한된 얘기가 아닙니다. 걱정거리 역시 같은 방법으로 해결할 수 있습니다. 대부분의 걱정거리는 그것을 세분화하면 해결책이 보입니다. 예를 들어 "이번 프레젠테이션이 영 불안한데……"라는 걱정이 생겼을 때 무엇 때문에 불안한지 구체적으로 세분화하지 못하면 불안감은 사라지지 않고 그대로 남아 있게 됩니다.

파워포인트 자료가 미흡한 것 같아 불안한지 발표를 제대로 못 할 것 같아서 불안한지 그것도 아니면 사람들의 반응이 걱정되어 불안한지, 불안감의 원인을 구체적으로 파악해야 대책을 세울 수 있습니다.

불안감이 드는 이유는 걱정거리의 원인을 구체적으로 파악하지 못했기 때문이므로 이를 세분화한다면 해결의 실마리가 보일 것입니다.

| 성과를 내기 위한 세분화 요령 |

"세분화는 어떻게 하나요?" "내가 뭘 잘하고 뭘 못하는지 모르겠어요"라는 사람도 있을 겁니다. 소크라테스의 유명한 말이 있죠.

너 자신을 알라.

자기 자신을 알려면 자신이 뭘 잘하고 뭘 못하는지 데이터를 모아야 합니다. 자신을 잘 알기 위한 객관적인 지표를 찾아야 하기 때문이죠.

예를 들어 각종 시험의 경우에는 시험 개요에 제시된 출제 범위를 세분화하여 나름의 테스트를 해보는 거죠. 만약 토익 시험이라면 기출문제를 풀어 보고 채점한 뒤 결과를 확인합니다. 그중 듣기 영역의 점수가 낮았다면 듣기 영역이 바로 자신의 약점인 것이므로 듣기 영역을 집중적으로 공부하면 됩니다.

한층 더 나아가 난이도와 같은 요소를 토대로 더욱 자세히 세분화하는 것도 가능합니다. "어려운 문제는 역시 내겐 무리구나" "집중력이 모자란 건지 쉬운 문제도 자꾸 틀리네"라는 식으로 자신의 문제점을 구체적으로 파악하다 보면 자신이 앞으로 해야 할 일이 점점 더 명확해집니다.

한편 구체적인 측정 방법이 없을 때는 시간의 흐름에 따라 생각하는 시계열 분석이 있습니다. 예를 들어 자료 작성이 서툴다면 자료를 작성하는 방법을 흐름에 따라 정리해 보는 것이지요.

❶ 자료 작성을 위해 기초 정보를 인터넷으로 수집한다.

❷ 인터넷 검색 내용을 토대로 1차 자료를 모으고 문헌, 영상 등 추가로 보완할 수 있는 자료를 구한다.

❸ 그 결과를 정리하고 문장으로 요약하여 자료를 작성한다.

❹ 작성한 자료에 대해 주변으로부터 피드백을 받아 수정한다.

이와 같이 시간의 흐름에 따라 세분화한 후 어느 부분에서 시간이 많이 걸리는지를 생각합니다. 만일 자신이 문장으로 요약하는 작업 단계에서 시간이 많이 소요된다면 이 작업을 빨리 처리하기 위해 무엇을 어떻게 해야 할지 생각할 수 있게 됩니다.

이렇게 자신의 약점을 파악했다면 그다음은 쉽습니다. 드러난 약점을 극복하기 위한 대책을 세우면 되니까요. 그것이 바로 자신의 '목적'이 됩니다.

💡 **STEP 2 핵심 포인트**

- 현 상황을 세분화하면 올바른 목적이 정해진다.
- 세분화할 때는 출제 범위 또는 시계열이 참고가 된다.

목적을 목표로 구체화해 나가기

결승선까지의 최단 거리를 도출하자

자기 자신을 알고 목적이 보이기 시작했다면 이번에는 그것을 '목표'로 구체화해야 합니다.

목적과 목표가 다르다는 사실에 깜짝 놀란 분도 계실 겁니다. 목적과 목표는 엄연히 다릅니다. 여러분은 이 둘의 차이가 뭐라고 생각하나요?

영어로 설명하면 이해하기 쉬울지도 모르겠네요. 목적은 영어로 goal 또는 purpose입니다. "이러이러한 것을 하고 싶다"라고 하는 최종 단계가 바로 목적이지요. 앞서 서술한 예로 생각하면 영문법을 익히는 것이나 프레젠테이션 자료의 문장화 속도를 높이는 것 등이 이에 해당합니다.

목표는 영어로 target입니다. 목적에 도달하기 위해서 세우는 중간 지표나 목적에 도달하기 위한 구체적인 행동을 말합니다. 이를테면 '영문법을 익히기 위해서 문제집 30쪽 풀기' 또는 '문장화 속도를 높이기 위해서 글쓰기 관련 책 10권 읽기' 등과 같이 숫자로 나타내는 지표를 가리켜 목표라고 합니다. 이 책에서 말하는 '목표 세우기'는 바로 여기에 해당합니다.

목적과 목표를 혼동하는 경우가 종종 있습니다만, '영문법 문제집 30쪽 풀기'나 '글쓰기 관련 책 10권 읽기'는 목표지 목적이 아닙니다. '영어 시제 마스터하기'라는 목적 달성을 위한 하나의 단계로 '문제집 30쪽 풀기'라는 목표를 세우는 것이지요. 그러므로 목적과 목표를 잘 구분해야 합니다.

| 목표가 명확할수록 원하는 결과를 얻는 데 도움이 된다 |

그렇다면 퀴즈를 하나 내보겠습니다. "오늘 하루 동안 무

슨 공부를 할 생각인가요?"라는 질문에 여러분은 어떤 답
이 적절하다고 생각하나요?

A "영어 공부를 하려고요" 하고 교과목을 알려준다.

B "새로운 수학 참고서를 보는 중인데 오늘은 세 문
제 정도 끝내놓으려고요" 하고 공부량을 알려준다.

C "영어 어휘력 향상을 위해서 영어 단어장 1번부터
100번까지 외울 생각입니다" 하고 공부의 내용을
알려준다.

이 중에서 성적이 오를 가능성이 가장 큰 것은 바로 C
유형입니다.

A는 자신이 뭘 열심히 하려는지 알려주고는 있지만,
그 결과가 어떻게 될지를 생각하지 못하고 있습니다. 그
래서 "구체적으로 영어를 어떻게 공부할 것이냐?"라고 물
으면 "으음, 글쎄요" 하고 생각에 잠깁니다.

B는 얼핏 성적이 오를 것처럼 보이지만 '두 문제 풀어

놓기'나 '네 페이지 끝내놓기'와 같은 계획은 양적 달성 자체가 목적이 되어 버릴 수 있습니다. 이처럼 목적에서 목표로 구체화하는 작업을 게을리 하게 되면 "이 책 한 권만 열심히 파면 분명 합격할 수 있을 거야!" 하고 달성 자체를 목적으로 삼기 쉽습니다.

C는 '목적'이 명확한 상태에서 '목표'가 쓰여 있습니다. '영어 어휘력 향상'이라는 목적이 앞에 있고 그 목적을 달성하기 위한 목표, 즉 구체적인 공부 계획이 뒤에 이어지고 있습니다.

결론적으로 A와 B는 열심히 노력한 끝에 무엇이 있는지를 상상하지 못하고 있습니다. 무턱대고 그저 열심히 뭔가를 하고 있을 뿐이지요.

반면에 C는 목적 달성을 위한 노력의 방법을 제시하고 있습니다. 이런 경우에는 확실하게 결과로 이어지는 노력을 하게 됩니다.

지금까지의 내용을 다시 한번 정리하자면 이렇게 요약하여 나타낼 수 있습니다.

현재의 과제 객관적으로 지금 무엇이 필요한가? 세분화하여 분석했을 때 보이기 시작한 과제는 무엇인가?

목적 과제를 해내기 위해 달성하고자 하는 목적은 무엇인가? 달성한 이후에는 어떤 상태였으면 좋겠는가?

목표 무엇을 어떻게 할 것인지를 숫자로 나타내는 등 구체적으로 정한다.

이 세 가지를 종이나 스마트폰에 적어 두고 항상 의식하다 보면 공부 효율이 훨씬 높아집니다.

| 최단 루트는 목적지와 현재 위치를 파악할 때 정해진다 |
여러분은 내비게이션을 사용해 본 적이 있나요? 꼭 내비게이션이 아니더라도 상관없습니다. 지하철 노선도 앱은 이용해 보셨겠죠.

여러분이 어딘가를 찾아간다고 했을 때 어떤 도구를

사용하든 3단계를 거쳐 그 경로를 찾아볼 텐데요.

우선 자신이 가고자 하는 목적지를 입력합니다. 목적지가 없다면 아무 데도 갈 수 없습니다. 엉뚱한 곳에서 헤매지 않고 목적지에 도달하려면 최종 목적지를 구체적으로 입력해야 합니다.

그다음엔 현재 위치를 입력합니다. 자신의 현재 위치를 모르면 어느 방향으로 가야 하는지 알 수 없습니다. 그러므로 현재 자신이 어디에 있는지를 알아야 합니다.

그리고 마지막으로 루트를 검색합니다. 현재 위치와 목적지를 입력했다면 현재 위치에서 목적지까지의 여정, 최단 거리 등을 자연히 알 수 있습니다.

또한 목적지와 현재 위치를 잘 정하면 "이쪽 길로는 안 가는 게 낫겠다" "이 방향으로 갔다간 괜히 시간 낭비만 할 가능성이 크다" 등등 잘못된 방향도 쉽게 알 수 있게 됩니다.

공부도 이와 마찬가지입니다.

자기 자신을 알고 현재 상태를 파악하는 것은 '자신의 현재 위치'를 이해하는 일입니다.

목적을 알고 자신이 꿈꾸는 이상을 파악하는 것은 '지금부터 가고자 하는 장소'를 이해하는 일입니다.

목표를 알고 방법론을 구축하는 것은 '목적지와 현재 위치라는 두 지점 간의 최단 경로'를 생각하는 일입니다.

이와 같은 사고법에 따라 생각하다 보면 올바른 노력 방법을 알 수 있습니다.

💡 **STEP 3 핵심 포인트**

- -

• 목적을 토대로 목표를 구체화한다.
• 올바른 노력 방법은 목적지와 현재 위치가 정해지면 자연스레 찾을 수 있다.

　　　　　　　　　　반드시 합격하는 사분면 공부법

STEP 4

이중목표 설정하기
최대 목표와 최소 목표를 세워 노력의 질을 극대화하자

목표를 세우는 방법에도 요령이 있습니다. 목표를 세웠어
도 제대로 실행하지 못하는 경우가 있거든요. 실행을 제
대로 하지 못하는 이유는 목표가 높은 이상(理想)으로 똘
똘 뭉쳐져 있기 때문입니다.

| 목표는 너무 높아도 안 되지만 너무 낮아도 안 된다 |
목표를 세울 때는 의욕이 충만하기 마련입니다. 그런 상
태에서는 '힘들 수도 있겠지만 매일 50쪽 분량의 문제집
풀기' '책 30권 읽기' 등 지키기 힘든 높은 목표를 세우기

쉽습니다.

또는 목표 지점에서 역산하여 '이 목표에 도달하려면 몇 시간 이상 공부해야만 한다'라는 식으로 목표를 세우기 때문에 현실적이지 못할 정도로 높은 목표가 되어 버리는 일도 종종 있습니다.

이처럼 너무 높은 목표를 세우면 달성을 위한 행동을 매일 지속하기가 쉽지 않습니다. 게다가 사람은 작은 계획 하나가 살짝만 틀어져도 모든 게 하기 싫어지기 시작합니다.

처음 하루와 이틀은 잘 해냈다고 해도 사흘째에 계획대로 해내지 못하면 불가능할 거라는 생각을 하게 되고 나흘째부터는 하는 것 자체를 아예 그만두는 경우가 많습니다.

이를테면 '매일 복근 운동 100회'라는 목표를 세우고 처음 이틀간은 잘 해냈으나 사흘째에 하지 못할 상황이 되었을 때 "하다못해 90회까지 만이라도 해보자"가 아닌 아예 하지 말자는 선택을 하기 십상입니다.

그렇다고 해서 쉬운 목표만 세운다면 자신이 정말로 할 수 있는 범위를 좁히는 꼴이 됩니다. "문제 풀이 15쪽 정도만 하지 뭐"라고 하면 정말로 15쪽밖에 못 하게 되는 것이죠.

결국 이루고자 하는 목표를 높게 잡고는 싶으나 혹시라도 실패하게 되면 의욕이 떨어져서 계획한 대로 하지 못할까 봐 이러지도 저러지도 못하는 딜레마 상황에 놓이게 됩니다.

그래서 추천하는 것이 '이중목표'입니다. 이중목표는 최소 목표와 최대 목표라는 두 가지 목표를 세워나가는 방법을 말합니다. 실제로 많은 도쿄대생이 실천하고 있는 방법이기도 합니다.

최소한 달성하고자 하는 목표선을 최소 목표, 최대한 달성하고자 하는 목표선을 최대 목표로 설정하여 실천해가는 이 방법은 목표가 두 개라는 점이 특징인데, 목표를 '점'으로 설정하지 않고 그 목표들 사이의 '선'으로 설정합니다.

목표를 점의 형태로 설정하면 그 목표를 달성했느냐 못했느냐에 초점이 맞춰지게 됩니다. 반면에 목표를 선의 형태로 설정하면 달성은 전제조건일 뿐 어디까지 할 수 있느냐에 초점이 맞춰지게 되어 적어도 달성하지 못해서 의욕이 떨어지는 일은 없습니다.

윗몸일으키기 최소 30회, 국어 기출문제 최소 5개 풀기, 영문법 공부 최소 2시간, 수학 문제집 풀이 최소 10쪽 등과 같이 최저한도가 정해진 상태라면 전혀 안 해버리는 최악의 상태는 피할 수 있습니다.

이중목표는 모든 것에 적용할 수 있다

이중목표 설정은 어떤 것에든 적용할 수 있습니다. 이를테면 매일 실천하려는 공부의 분량이나 시간, 하려는 운동량 등에 대해서 두 가지 목표를 설정하여 "적어도 스무 개는 반드시 하자. 더 할 수 있다면 사십 개를 목표로 더 해보자"와 같이 말이죠.

도쿄대생은 시험 목표점수도 이중목표로 설정하는 경우가 많습니다.

"80점 맞으면 좋겠지만, 그게 어렵다면 최소한 60점은 받고 싶다"라는 식으로 목표하는 점수를 두 가지로 설정하여 80점에서 60점 사이의 점수를 받으면 된다고 생각하는 것이죠.

또 추상적으로 "1년 안에 최소한 이 정도 선까지는 프로그래밍을 마치도록 하고, 가능하면 가르칠 수 있을 정도까지 최대한 도달해 보자"라는 식으로 생각하는 것도 좋습니다. 매일 달성하고자 하는 일일 목표 설정은 물론 한 달 또는 일 년과 같이 장기적으로 목표를 세우는 것도 좋습니다.

목적을 정해서 목표를 세운다면 헛된 노력을 하지 않고 결과를 향해 곧장 나아갈 수 있습니다. 그러면 '좋아하는데 잘하지는 못하는' 것이 '좋아도 하고 잘하기도 하는' 것으로 바뀌어 가겠지요.

다음 PART는 '하기도 싫고 잘하지도 못하는' 과목에 대한 공부법입니다.

 **STEP 4 핵심 포인트**

- 목표는 너무 높아도 안 되지만 너무 낮아도 안 된다.
- 이중목표를 세우면 질 높은 노력을 계속할 수 있다.

PART 1

'좋아하는데 잘하지는 못하는' 과목에 대한 공부법

📝 노력하지 않아도 OK!

자신에게 맞는 올바른 노력의 방향성을 찾기 위한 4단계

💡 **STEP 1 '노력하지 말자'를 의식하기**

- 노력은 금지
- 뭘 위해 뭘 할 것인가에만 초점을 맞추자.

- -

💡 **STEP 2 세분화를 통해 자신을 파악하기**

- 현 상황을 세분화하면 올바른 목적이 정해진다.
- 세분화할 때는 출제 범위 또는 시계열이 참고가 된다.

💡 STEP 3 목적을 목표로 구체화해 나가기

· 목적을 토대로 목표를 구체화한다.

· 올바른 노력 방법은 목적지와 현재 위치가 정해지면 자연스레 찾을 수 있다.

💡 STEP 4 이중목표 설정하기

· 목표는 너무 높아도 안 되지만 너무 낮아도 안 된다.

· 이중목표를 세우면 질 높은 노력을 계속할 수 있다.

	좋아함	싫어함
잘함		
못함		✓

'하기도 싫고 잘하지도 못하는' 과목에 대한 공부법

✏️ 자신을 바꾸지 않아도 OK!

과학적인 루틴 만들기를 통해
'자동 모드'로 공부를 시작할 수 있다

STEP 1

습관화하기
자연스레 공부를 시작하게 되는 마법 같은 환경을 갖추자

PART 2에서는 사분면 오른쪽 아래 칸의 최대 난적이라 할 수 있는 '하기도 싫고 잘하지도 못하는' 과목의 공부에 대하여 설명합니다.

싫어하는 데다가 잘하지도 못한다면 그게 뭐든 하기 싫은 게 당연합니다. 좋아하기라도 한다면 모를까 싫어하는데 못하기까지 하는 것은 일단 '하자'는 의욕을 불러일으키는 것 자체가 최대 장벽이지요.

그런 과목의 공부를 시작하기 전에 먼저 해야 할 것은 습관화입니다. 흔히 루틴이라고 하죠.

밥을 먹으면 바로 이를 닦듯이 공부를 습관화해야 합니다. 습관화는 '하기도 싫고 잘하지도 못하는' 과목의 성적을 올리려 할 때 가장 중요한 사고방식입니다. 안 하면 왠지 찜찜한 기분이 들 정도로 몸에 배게 하여 습관화하는 것입니다.

바꿔 말하면 하기도 싫고 잘하지도 못하는 것은 습관화가 되어 있지를 않아서 싫어하고 못 하는 것이라고 말할 수 있습니다.

여러분에게도 몇 번이고 되풀이하다 보니 거의 무의식적으로 하는 행동들이 있을 텐데요. 예를 들자면 목욕탕에 가서 "뭐부터 하지?" 하고 일일이 생각하면서 몸을 씻는 사람은 없잖아요. 물바가지로 물을 뜨고 샴푸와 린스를 차례로 사용해서 머리를 감는 등 몸을 씻는 데는 여러 과정이 있습니다만 그런 과정을 보통은 거의 의식하지 않고 자연스럽게 진행해 나갑니다. 여러 번 반복한 행동이라서 몸에 배어 습관화되었기 때문입니다.

하기도 싫고 잘하지도 못하는 것은 시작도 쉽지 않을

뿐더러 지속하기도 어렵습니다. 그래도 해야 한다면 목욕탕에 가서 몸을 씻을 때처럼 아무 생각 없이 할 수 있도록 하는 것이 제일입니다.

| 루틴의 공백 지대에 습관 끼워 넣기 |

그렇다면 구체적으로 어떻게 하면 하기도 싫고 잘하지도 못하는 것을 이를 닦듯이 또는 목욕하듯이 습관화할 수 있을까요?

추천하는 방법은 '장소'의 습관화입니다. 즉 자신이 뭔가를 할 때 일정한 장소에서 반복적으로 그 행동을 하는 것이지요.

우리는 학교나 직장에서 이미 무의식적으로 공부하고 일하고 있습니다. 학교에서 공부하고 직장에서 일하는 것은 습관화되어 있다는 말입니다.

하지만 집이라는 장소에서 공부나 일을 하는 것은 습관화되지 않은 경우가 종종 있습니다. 집은 쉬는 장소라는 고정관념이 있어서 일하거나 공부하는 루틴이 형성되지 못하는 것이죠.

사실 도쿄대생도 집에서 공부하는 것을 어려워하긴 매한가지입니다. 그렇다면 그들은 어떻게 공부 습관을 들였을까요?

많은 사람이 실천했던 방법은 자기 방이 아니라 거실 등 공용 공간에서 공부하는 것이었습니다. 자기 방은 이미 휴식을 취하는 공간으로서의 루틴이 잡혀 있는 것이죠. 오랜 시간에 걸쳐 자리 잡힌 루틴을 깨는 것은 도쿄대생이라 할지라도 쉬운 일이 아닙니다.

이때 효과적인 방법이 아직 어떤 루틴도 없는 거실이나 복도와 같은 공용 공간을 공부하는 장소로 루틴화하는 것입니다. 루틴의 공백 지대에 하기도 싫고 잘하지도 못하는 것을 하기 위한 장소라는 새로운 루틴을 심어 버릇처럼 익숙하게 만들면 됩니다.

도쿄대생을 인터뷰한 결과 거실 같이 부모나 형제자매가 다른 일을 하는 옆에서 공부했다는 사람이 매우 많았습니다. 다른 사람이 지켜보고 있다는 긴장감으로 인해 공부에 훨씬 더 집중할 수 있다 보니 공부 습관을 들이는 데 자기 방보다 더 도움이 되었다고 합니다.

저도 제 방보다는 거실에서 공부할 때 더 집중이 잘 되는 편이라 가족이 외출하고 집에 없을 때면 항상 거실에서 공부했었습니다.

| 서서 공부하기 |

자기 방 책상 앞에 앉아 공부하거나 침대에 누워 책을 읽다 보면 어느새 잠들어 버리거나 멍하니 쉬게 되는 경우가 많습니다. 방은 휴식을 취하는 곳이라는 생각 때문이죠. 그래도 꼭 자기 방에서 공부해야 한다면 서서 공부하는 방법을 추천합니다. 아니면 방 안에서 돌아다니면서 암기과목을 공부하는 것도 좋습니다. 서서 공부하거나 돌아다니면서 공부하는 습관이 있는 사람은 그리 많지 않을 테니까요.

그렇기에 오히려 이제부터는 '하기 싫고 잘하지 못하는 걸 할 때는 서서 한다' 또는 '돌아다니면서 한다'는 새로운 루틴을 만들기가 쉽습니다. 도쿄대생 중에도 서서 책을 읽고, 서서 논문을 쓴다는 사람이 꽤 있습니다.

이처럼 '하기도 싫고 잘하지도 못하는' 공부를 할 때는 장소나 자세를 바꿔 새로운 장소, 새로운 자세를 통한 루틴화 방법을 추천합니다.

🔆 **STEP 1 핵심 포인트**

- -

• 하기 싫은 것일수록 오히려 꾸준한 실행을 통해 습관화하자.
• 새로운 장소나 환경을 이용하여 변화를 주자.

✏️ STEP 2

기술에 기대기

'자신을 바꾸기'보다 손쉽고 효과적인 방법을 고르자

자, 이제 환경을 갖췄을 테니 여러분께 한 가지 좋은 소식을 전하겠습니다. 그것은 바로 자기 자신을 바꿀 필요는 없다는 사실입니다.

"네? 바꾸지 않으면 지금까지의 실패를 반복하게 되지 않을까요?"라고 생각할 수도 있겠지만 실패를 반복할 일은 없습니다. 자신을 바꾸겠다는 결심이 오히려 습관화를 방해하는 원인이 될 수도 있습니다.

보통 사람들은 마음먹기에 따라 뭐든 극복할 수 있고 정신력을 통해 생각대로 조절할 수 있다고 여깁니다.

"나는 절대 게으름을 피우지 않을 거야. 끈기를 가지고 꼭 해내고 말겠어!" 또는 "스마트폰은 공부에 방해가 되니까 절대 보지 말자"라는 식으로 말입니다.

| 정신력으로 해결하려는 것은 난센스! |

정신력으로 해낼 수 있다고 믿는 것은 난센스일지도 모릅니다. 물론 단기적으로는 효과가 있을지도 모르겠습니다. 하지만 끈기나 근성으로 해결하고자 했을 때 끈기나 근성이 바닥나면 그 시점에서 끝이 나게 됩니다. 이는 문제를 뒤로 미루는 것에 지나지 않습니다. 이가 아프다고 호소하는 환자에게 그저 진통제만 처방하는 것과 같지요. 근본적인 문제에 대해서 접근하지 않으면 이가 아프다는 사실은 절대 바뀌지 않습니다.

정신력으로 밀어붙여서 해결할 수 있는 거라면 누구도 실패하는 일은 없겠죠. 자신을 바꾸고자 한다면 자신에게 기대서는 안 됩니다.

공부가 좀처럼 손에 잡히지 않는 사람이 공부에 동기

부여가 되는 책을 많이 읽고 동기 부여를 일으키는 유튜브 동영상을 매일 본다고 해서 효과가 있을까요? 조금은 효과가 있을지도 모르겠지만 근본적인 해결책은 아닙니다.

그보다는 학교 자습실이나 스터디카페 등 공부하는 사람이 많은 곳에 매일 다니는 것을 습관화하는 편이 훨씬 더 효과적입니다.

작심삼일을 밥 먹듯 하는 사람이 작심삼일을 막고자 정신력에 기대어 봐야 아무런 의미가 없습니다. 작심삼일을 방지할 수 있는 구조를 만드는 편이 오히려 낫지요. 스스로 자신을 바꾸려 하기보다 뭔가에 기대는 편이 건설적입니다.

| 자신을 믿지 말고 기술에 의지하자 |

이때 추천하는 것이 바로 기술의 힘을 빌리는 일입니다. 스마트폰이나 기계의 힘을 빌리면 됩니다.

"그게 쉽게 할 수 있는 일인가요?" "기계 같은 건 사용할 줄 모르는데요"라는 사람이 있을 수도 있을 텐데요. 그러나 여러분은 이미 대체로 기술의 힘을 빌리고 있습니다.

이를테면 아침 기상을 위해 자기 전에 자명종을 맞춰 두거나 스마트폰의 알람을 설정해 두잖아요. 자신의 의지나 정신력으로 기상하는 사람은 드물죠. 아니 그보다 의지나 정신력으로 기상할 수나 있을까 싶습니다.

어떤 사람이 "내일은 중요한 동아리 시합이 있으니 절대 지각해서는 안 돼! 그러니 기필코 내 의지만으로 오전 7시에는 일어나고 말 거야"라고 말한다면 여러분은 어떻게 생각하시겠어요? '무슨 말도 안 되는 소리야!'라고 생각하지 않을까요.

그런데 실은 이와 같이 자신의 부족한 의욕을 정신력으로 어떻게든 이겨내 보겠다는 사람들이 있습니다. 하지만 자기 관리를 하고자 한다면 자신에게 기대서는 안 됩니다. 오히려 스마트폰 등 기계를 활용해야 하지요. 그리고 현대에는 이용할 수 있는 것들이 많습니다.

기술도 나날이 발전하여 다양한 서비스가 생겨나고 있으며, 공부 효율을 높일 수 있는 앱들도 무수히 많습니다.

지금까지 했던 고생은 헛고생이었나 싶을 정도로 대단한 기술이 많은데 사람들이 단지 그것을 모르고 있을 뿐일지도 모릅니다. 그러면 이제 '하기도 싫고 잘하지도 못하는' 공부에 활용하기 좋은 앱 세 가지를 소개해 보겠습니다.

| '하기도 싫고 잘하지도 못함'을 극복하기 위한 앱 1 : 리마인더 |

대개 스마트폰에 내장되어 있지만 이를 효과적으로 사용하는 사람은 적다고 느껴지는 앱이 바로 리마인더(아이폰의 경우 미리 알림 앱-옮긴이)입니다.

여러분은 잘 안 잊어버리는 타입인가요? 여러 가지 공부나 일을 하다 보면 종종 뭔가를 잊거나 하지는 않는지요? 그럴 때 추천하는 것이 리마인더입니다. 자신의 할 일이나 해야만 하는 일, 하려고 생각했던 것을 전부 여기에 입력하여 미래의 자신에게 알려주는 것입니다. 완료할 때까지 몇 번이고 통지하도록 설정하면 절대로 잊어버릴 일이 없지요. 요컨대 다른 사람이 "○○ 씨, 그거 아직 멀었나요?"라고 말하는 것을 자기 안에서 시스템화하는 것이라 할 수 있죠.

하기도 싫고 잘하지도 못해서 의욕이 생기지 않지만, 그래도 해야만 하는 공부를 목록화해서 전부 리마인더에 등록해 보세요.

하기도 싫고 잘하지도 못하는 공부를 시작할 시간을 정해 놓고 그 시간을 리마인더에 설정해 두는 것도 추천합니다. 그리고 알림이 오면 무슨 일이 있든 간에 반드시 시작하는 것이죠. 그러면 습관화할 수 있습니다.

이 방법을 추천하는 이유로는 할 일을 잘 기억할 수 있다는 점 외에 한 가지가 더 있습니다. 그것은 스스로 인식할 수 있게끔 자신이 해야 할 과제를 언어화할 수 있다는 점입니다.

무엇을 할 것인지가 불확실한 상태에서는 뭔가를 시작하기가 어렵습니다. 예를 들어 "수학 과목이 쉽지 않으니 공부를 좀 해야 하는데……"라는 생각이 들더라도 구체성이 없으면 행동으로 옮기기가 쉽지 않잖아요.

하지만 리마인더에 무언가를 등록해 두면 막연했던 것

이 자연스레 구체화되고 명료해집니다. 이를테면 "어떠어떠한 수학 참고서를 봐야겠다"와 같은 구체성이 드러나게 되지요. 이렇게 언어로 표현함으로써 막연함을 지울 수 있습니다.

리마인더는 사용성이 좋고 편리한 기능으로, 스마트폰에 내장된 기본 앱 외에도 여러 가지 리마인드 앱이 있습니다. 저는 아이폰에 내장된 앱을 사용해 왔습니다만, 여러분은 여러 가지 새로운 것을 써 보면서 본인에게 맞는 것을 찾아봐도 좋습니다.

| '하기도 싫고 잘하지도 못함'을 극복하기 위한 앱 2 : 목표 달성 앱 |

다음으로 소개하는 것은 목표 달성을 도와주는 앱입니다.

공부, 업무, 다이어트, 운동 등을 자기 혼자서 하다 보면 아무래도 작심삼일로 끝날 가능성이 큽니다. 지켜보는 사람이 없으면 쉽게 그만두게 되거든요.

하지만 "함께 하자!" 하고 다른 사람을 끌어들이면 쉽게 그만두지 못합니다. 노력했을 때는 "우와! 계속하다니 정말 대단한데!"라는 칭찬을 받고, 게으름을 피울 때는 "오늘은 안 한 거야?"라고 지적받는 환경에서라면 지속하기가 훨씬 수월하지요. 목표 달성 앱은 이처럼 대단하다는 칭찬과 오늘은 안 했느냐는 지적을 통해 행동을 촉구합니다.

여러 다양한 목표 달성 앱이 있겠지만 이러한 앱 중에 다이어트, 공부, 독서 등 같은 목적을 가진 사람들을 위한 여러 가지 방이 뜨는 앱(한국의 경우 카카오톡 오픈채팅 기능-옮긴이)이 있습니다. 자신의 목적에 맞춰 원하는 방에 참여하면 되는데요. 여러 사람이 한데 모여 각자의 목적을 이루기 위해 함께 노력하는 것이지요.

각각의 방에서는 구성원 각자가 자신의 노력을 증명하는 인증사진을 올립니다. 그러면 서로 "대단하다!"며 칭찬합니다. 그래서 혼자가 아니라 마치 여러 사람과 함께하고 있다는 느낌을 받아 더 노력할 수 있게 됩니다. "오늘은 공부를 두 시간이나 했어"라고 하면 "대단한데!"라며 칭찬하는 대화가 여러 방에서 이루어지고 있는 것입니다.

현실에서 같은 목적을 가지고 그것을 달성하려는 사람이 주변에 없다고 해도, 앱을 통해 서로가 주의를 촉구함으로써 작심삼일을 방지할 수 있습니다.

여러분도 각자가 생각하는 '하기도 싫고 잘하지도 못하는' 공부를 위한 목표 달성 방을 찾으세요. 거기서 함께 서로 격려하고 응원한다면 분명 공부하기 싫다는 게으른 마음을 이겨낼 수 있으리라 생각합니다.

| '하기도 싫고 잘하지도 못함'을 극복하기 위한 앱 3
: 카메라·갤러리 |

여러분은 스마트폰의 카메라·갤러리 기능을 어떻게 활용하시나요? 사진을 찍어 저장하는 용도 이외에 다른 용도로 사용하는 사람은 드물지 않을까 싶습니다만, 사실 카메라·갤러리 기능은 공부할 때도 매우 유용합니다.

다수의 도쿄대생이 수험생 시절에 오답 노트 앨범을

만든 적이 있다고 합니다. 문제집을 풀거나 시험을 쳐서 틀린 문제들을 사진으로 찍어 뒀다가 나중에 다시 보면서 공부하는 것이지요.

이들은 대학에 들어가서도 카메라·갤러리 기능을 이용하여 기억하고 싶은 책의 한 구절을 카메라로 찍거나 나중에 다시 보고 싶은 트위터 게시물 등을 캡쳐해 앨범화하고 있기도 했습니다.

기억하고 싶은 것을 기억하는 데는 역시 복습이 가장 빠른 방법이죠. 여러 차례 반복해서 보다 보면 잊고 싶지 않은 것을 잊지 않게 되거든요.

그러므로 카메라·갤러리 기능을 활용해 기억하고 싶은 것을 모아 놓고 평소에도 볼 수 있는 상태로 만들어 두면 큰 효과를 볼 수 있습니다. 스마트폰이라면 지하철이나 버스를 타고 이동하는 동안에도 볼 수 있으므로 이를 닦듯 습관처럼 복습할 수 있지요.

하기도 싫고 잘하지도 못하는 과목을 공부할 때 이해가 잘 안 가는 부분이나 기억하고 싶은 내용이 있다면 스마트폰 카메라로 찍어 하나의 폴더에 정리해 둡니다. 그리고 틈날 때마다 보는 거죠. 그렇게만 해도 공부 효율을 크게 높일 수 있습니다.

또 꼭 기억하고 싶은 것, 잊어서는 안 되는 것을 배경 화면에 등록해 스마트폰을 볼 때마다 물리적으로 반드시 눈에 들어오도록 하는 방법도 있습니다. 그러면 아무리 게으른 사람이라도 스마트폰을 사용할 때마다 확인할 수밖에 없거든요.

이상과 같이 여러 기능을 활용하여 습관화하는 요령을 키워나간다면 학습 능률을 높이는 데 큰 도움이 되리라 생각합니다.

💡 STEP 2 핵심 포인트

- 의지나 정신력 등에 기대어 열심히 하려 하지 말고 지속할 수 있는 구조를 만들자.
- 리마인더, 목표 달성 앱, 카메라·갤러리 등의 기능을 활용한다.

STEP 3

목표량에 맞춰 계획 세우기
작심삼일을 방지하고 공부 능률을 높이자

이제 STEP 2까지의 공부법을 통해 단기적인 습관화의 기반이 마련되었을 테니 이번에는 계획 세우기에 대해서 살펴보겠습니다.

'하기도 싫고 잘하지도 못하는' 공부를 장기적으로 계속하려면 계획을 세워야 합니다.

그렇지만 계획을 세우고 할 일을 정리한다는 것은 보통 일이 아니지요. 해야 할 일이나 과제, 달성할 목표를 알고 있다고 해도 구체적으로 무엇을 어떻게 하면 되는지 계획을 짜는 것은 어렵습니다.

또 예정대로 일이 진척되는 경우는 드뭅니다. 계획을 세웠다고 해서 계획대로 다 된다면 공부하느라 힘든 사람은 아무도 없겠지요.

| 일정을 짜지 말자 |

도쿄대생들은 어떤 식으로 자신의 학습계획을 세울까요?

사실 도쿄대생의 대부분은 시간에 따른 학습계획을 짜지 않습니다. 대신에 어느 정도 달성해야 할지 '목표량'을 정해 놓는 경우가 많습니다.

학습 일정표를 짜서 몇 시부터 몇 시까지 공부하겠다고 마음먹어도 뜻대로 되지 않을 수 있거든요. 생각했던 것과는 달리 다른 공부를 하는 데 시간이 너무 오래 걸리거나 갑작스러운 일이 생기는 등의 문제가 발생해서 계획이 순조롭게 진행되지 못할 수도 있고요.

게다가 사람은 돌발 상황이 발생하여 계획이 틀어지면 "아, 이제 글렀어" 하고 쉽게 포기하기도 합니다. 그 시점에서 계획을 아예 엎어버릴 가능성도 크지요.

그렇다면 달성할 목표량을 명확하게 설정하면 어떨까요?

목표량은 일정표보다 구체적으로 생각하는 것이 좋습니다. 이를테면 "몇 시부터 몇 시까지는 영어 공부를 하자"보다는 "영어 교재 몇 쪽부터 몇 쪽까지를 공부하자"라고 생각하는 편이 할 일을 명확하게 정리할 수 있지요.

"영어 듣기 능력을 키워야 하니 매일 공부하자"라는 마음을 먹는다고 해도 듣기 능력 향상에 도움이 될 만큼 공부를 하게 될지 어떨지는 알 수 없습니다. 하지만 "영어 듣기 능력 향상을 위해 이 교재로 매일 이만큼씩 공부하자"라고 생각하면 할 일이 명확해져서 계획적으로 학습을 진행할 수 있겠죠.

게다가 목표량을 설정하면 계획에 차질이 빚어졌을 때 부족한 부분을 보충하기 쉽습니다. 예를 들어 "어제는 3쪽 정도밖에 공부를 못 했으니 오늘 6쪽 분량을 공부해서 모자란 부분을 메꿔야겠다"하고 돌발 상황에 대응할 수 있습니다.

이처럼 돌발 상황에 대처하기 위해서는 일정표보다 목표량을 정하는 것이 편리합니다.

| 달성 목표량 설정 방법 |

그럼 어떤 식으로 목표량을 설정하면 좋을까요?

목표량을 설정하는 데에는 PART 1의 '목적을 명확히 하기'에서 설명한 '세분화'가 도움이 됩니다.

계획 세우기는 결국 추상적인 것을 구체적으로 만들어 가는 행위에 지나지 않습니다. 예를 들어 영어 공부가 됐든 수학 공부가 됐든 막연하게 하고 싶다고 생각한 것을 고스란히 계획에 담기는 어렵습니다.

하지만 영어 공부에 관한 계획이라면 단어, 문법, 듣기, 회화와 같이 나누고, 수학 공부에 관한 계획이라면 개념 이해하기, 연습문제 풀기, 기출문제 풀기와 같이 세분화하면 뭘 해야 하는지를 알 수 있는 단계까지 도달할 수 있습니다.

이처럼 해야 할 일을 나눴다면 이제 각각에 숫자를 부여합니다.

단어 공부 20쪽, 문법 공부 100분, 개념 공부 20분, 기출문제 30개 풀기와 같이 분량을 정하고 얼마 만에 끝낼 것인지 기한을 설정합니다. "다음 주 월요일까지는 이 정도의 분량을 끝내고 싶다"처럼 되도록 일주일 단위로 달성 목표량을 정하는 것이 좋습니다.

이때 핵심은 PART 1과는 달리 목적은 생각하지 않아도 된다는 점입니다.

PART 1은 어디까지나 좋아는 하지만 결과가 좋지 않은 공부에 어떻게 접근할 것인가에 관한 얘기였습니다. 지금 설명하고 있는 것은 의욕이 생기지 않는 공부를 습관화하기 위한 방법에 관해서입니다.

그렇다면 여기서는 목적 같은 어려운 것은 생각하지 말고 일단 해나갈 수 있는 상태로 만드는 게 선결 과제라고 할 수 있습니다.

구체적인 계획을 세우려면
분야를 세분화해야 답을 찾을 수 있다

STEP 4

일부러 마무리 짓지 않기
최대 난관인 '공부의 시작'을 가볍게 극복하자

이제 목표량을 정해 공부를 해나가면 되는데, 공부를 지속하려면 요령이 필요합니다. 그래서 이번에는 공부 흐름을 잘 이어나갈 수 있도록 하기 위한 기술을 소개해 보기로 하겠습니다.

그 기술이란 바로 '어중간하게 남겨 두는 것'을 말합니다.

| 어중간하면 시작하기 쉽다 |

한 번 계획대로 잘 실행했다고 해서 다음에도 반드시 잘

실행하리라는 보장은 없습니다.

아침 공부를 시작할 때, 점심먹고 공부를 시작할 때, 집에 돌아와서 공부를 시작하려고 할 때 등 "그럼 이제 시작해 볼까" 하고 첫발을 내딛는 게 사실은 가장 어렵기 마련입니다. 공부든 일이든 마지막보다는 맨 처음, 다시 말해 '시작할 때'가 가장 어렵지요.

그런데 일단 시작해버리면 예상외로 어떻게든 진행되어 가기는 합니다. 의욕은 실제로 행동하기 시작하면 자연히 생기기 마련입니다. 이는 이미 뇌과학적으로도 밝혀진 사실이기도 합니다. 하지만 그러한 사실을 알고 있다고 해도 실행에 옮기는 것은 어려운 일입니다.

중요한 것은 "이제 해보자!" 하고 침대에서 몸을 일으켜 스마트폰을 치우고 책상 앞에 앉아 책을 펼치는 시작 부분입니다.

그럼 어떻게 하면 시작을 잘할 수 있을까요?

이럴 때 추천하는 방법이 바로 '어중간하게 남겨 두기'입니다. 요컨대 남겨 놓은 부분부터 이어서 시작하는 방법이지요. 전날 하던 공부를 깔끔한 지점에서 마치는 게 아니라 일부러 약간 남겨 두었다가 다음 날에 이어서 시작하는 것을 말합니다.

예를 들어 한 페이지만 넘기면 문제집 한 권을 마칠 수 있는데 굳이 마지막 한 페이지를 남겨 놓는 것이죠. 조금만 더 하면 끝낼 수 있는 걸 남겨 둠으로써 찜찜함 때문에라도 다음 날 곧바로 공부를 시작할 수 있게끔 하는 방법입니다.

사람은 보통 "딱 끝내기 좋은 부분에서 끝내 놓자"라고 생각하기 마련이잖아요. "얼마 안 남았으니 얼른 해치워 버리자"라고 말입니다.

그런데 사실 너무 깔끔하게 딱 떨어지면 다음 공부를 시작하기가 어려워집니다. 마무리 짓지 못하고 어중간하게 끝냈을 경우 오히려 "어제 하던 게 남았으니까 그것부터 우선 끝내 놓자" 싶어 공부할 마음을 먹게 됩니다.

이렇듯 어중간하게 끝나야 흐름을 이어가기가 쉽고, 첫 한 걸음을 쉽게 내디딜 수 있습니다.

| 동그라미를 치지 않고 그대로 두기 |

다음과 같은 방법도 있습니다. 예를 들어 전날 밤에 문제집을 풀었다면 답이 맞았는지 틀렸는지 확인하지 않고 그대로 두는 것이지요. 문제 풀이를 끝내고 나서 맞힌 문제에 동그라미 치고 싶은 마음이 굴뚝같더라도 꾹 참고 그대로 잠자리에 듭니다.

그러면 이튿날 왜 이렇게 의욕이 안 생기지 싶다가도 "그러고 보니 어제 그 문제 제대로 풀었나!" 하고 궁금해지기 시작하죠.

의욕이 별로 없는 아침이라고 해도 채점을 하는 정도의 일은 그다지 시간이 걸리지 않으므로 그것만이라도 확인해 보고 싶은 마음이 생깁니다.

그렇게 해서 확인해 본 결과 틀린 문제가 있었다면 "이걸 왜 틀렸을까?" "뭐야, 내가 왜 이렇게 풀었지?" 하고 신경 쓰게 됩니다.

결국 "이왕 봤으니 정답 해설까지는 확인하자"라거나 "참고서를 좀 봐야겠는데"라는 마음에 그대로 공부를 이어가게 되지요.

또 모든 문제의 답이 맞았다면 맞은 대로 "오! 왠지 느낌이 좋은데? 그냥 공부나 하자" 싶은 마음이 생겨 그 기세를 몰아 또 하루를 공부에 전념할 수 있습니다.

좀처럼 의욕이 나지 않는 '하기도 싫고 잘하지도 못하는' 공부라 하더라도 위와 같이 여러 가지 기술을 활용하다 보면 실천해 나갈 수 있습니다. 그러니 우리 모두 힘내보자고요.

 STEP 4 핵심 포인트

- 공부의 진입 장벽을 낮춘다.
- 어중간하게 마무리하거나 맞힌 문제에 동그라미를 치지 않고 끝내 놓으면 다음 날 다시 공부를 시작하기가 쉽다.

PART 2 '하기도 싫고 잘하지도 못하는' 과목에 대한 공부법

✎ 자신을 바꾸지 않아도 OK!

'자동 모드'로 공부를 시작할 수 있도록 하기 위한 4단계

💡 **STEP 1   습관화하기**

- 하기 싫은 것일수록 오히려 꾸준한 실행을 통해 습관화하자.
- 새로운 장소나 환경을 이용하여 변화를 주자.

💡 **STEP 2   기술에 기대기**

- 의지나 정신력 등에 기대어 열심히 하려 하지 말고 지속할 수 있는 구조를 만들자.
- 리마인더, 목표 달성 앱, 카메라·갤러리 등의 기능을 활용한다.

💡 STEP 3 목표량에 맞춰 계획 세우기

• 시간에 따른 일정표가 아니라 목표량에 맞춰 계획을 세운다.

• 목표량은 숫자로 생각한다. 목적은 생각하지 않아도 좋다.

💡 STEP 4 일부러 마무리 짓지 않기

• 공부의 진입 장벽을 낮춘다.

• 어중간하게 마무리하거나 맞힌 문제에 동그라미를 치지 않고 끝내 놓으면 다음 날 다시 공부를 시작하기가 쉽다.

	좋아함	싫어함
잘함		✓
못함		

'하기는 싫은데 잘하는' 과목에 대한 공부법

✏️ 귀차니스트라도 OK!

'시간 대비 성과 극대화'를 위한 4단계를 통해
최소의 시간으로 최대의 효과를 얻을 수 있다

✏️ STEP 1

할 때는 하고 쉴 때는 쉬기

놀아도 되지만 목적 없는 시간만큼은 제로로 만들자

사분면 오른쪽 위 칸에 해당하는 '하기는 싫은데 잘하는' 과목의 경우는 약간 복잡합니다. 잘하냐 못하냐를 따지면 잘하지만, 그래서 즐거우냐면 전혀 그렇지 않기 때문입니다.

그렇다면 빨리 해치워 버리는 게 좋겠죠. 시간을 들이지 않고도 제대로 성과를 내기 위해, 다시 말해 시간 효율을 극대화하기 위해서는 어떻게 하면 좋을지 공부를 시작하기 전에 생각해 봐야 합니다.

그래서 추천하는 방법이 시간의 강약 조절입니다. 다

시 말해 집중해야 할 때는 확실히 집중하고 쉴 때는 제대로 쉬어야 한다는 말입니다. 도쿄대생은 매사 완급을 조절하며 임하는 경우가 많습니다.

한편 노력해도 좀처럼 성적이 나오지 않는다며 한탄하는 사람은 시간 활용법이 서툰 경우가 많습니다.

예를 들면 하릴없이 스마트폰만 만지작거리면서 쓸데없이 시간을 낭비하거나 친구들과 수다를 떠는 시간이 길거나 하죠.

| 시간 활용을 잘하는지 못하는지 판별하는 방법 |

자신이 강약 조절을 잘하는 타입인지 아닌지 궁금하다면 일주일 동안 자신이 시간을 어떻게 쓰는지 한번 점검해 보기를 추천합니다.

늘 시간이 없다며 한탄하는 사람도 들여다 보면 뭘 했는지 설명할 수 없는 시간이 비교적 많습니다. 이처럼 사용처를 알 수 없는 시간이 주당 15시간 이상인 사람은 주의가 필요합니다. 쓸데없이 낭비하는 시간이 하루에 2시간

이상이나 된다는 계산이니 남보다 성과를 거두기 어려울 수밖에요.

"성적이 오르지 않는다"거나 "시간이 부족하다"라며 한탄만 하는 사람은 어쩌면 쓸데없는 일에 시간을 낭비하고 있는지도 모릅니다. 그러므로 반드시 자신의 시간 활용법을 점검해 보는 것이 좋습니다.

목적 없는 시간을 없애자

물론 재충전의 시간은 중요합니다. 하지만 재충전 시간과 시간 낭비는 크게 다르지요.

재충전이라는 목적이 있다면 그것은 낭비가 아닙니다. 잠을 자거나 밥을 먹는 것처럼 인간에게 필요한 시간이니까요.

하지만 나중에 되돌아봤을 때 그 시간에 뭘 했는지 생각이 안 나거나 어쩌다 보니 시간이 훌쩍 지나 버렸다면 이때의 시간은 목적이 없는 상태입니다. 재충전이라는 목적조차 없으므로 활력을 되찾는 데 도움이 되지도 못했다는 뜻이죠.

PART 1에서도 설명한 바와 같이 성과를 내는 사람은 늘 분명한 목적의식을 가지고 있습니다. 마찬가지로 시간 활용을 잘하는 사람은 그 시간의 목적을 분명하게 정의할 수 있는 사람인 것입니다.

그래서 저는 여러분이 매주 자신의 시간표를 생각하고 그 시간표대로 행동했는지 아닌지를 점검하길 추천합니다.

PART 2에서 설명했던 '일정을 짜지 말자'라는 내용과 모순된다고 생각할 수도 있지만 절대 그렇지 않습니다. PART 2의 '하기도 싫고 잘하지도 못하는' 공부는 시작하는 것 자체가 최대의 난관이었습니다. 그래서 일정을 짜는 것보다 습관화하는 것이 선결 과제였지요.

반면에 여기서 설명하는 '하기는 싫은데 잘하는' 공부는 가능한 한 짧은 시간에 끝낼 필요가 있습니다. 그래서 일정표를 짜서 시간을 효과적으로 활용하는 습관을 익혀야 합니다.

물론 순조롭게 흘러가지 않을 수도 있습니다. 계획대

로 척척 진행되는 게 흔한 일은 아니니까요.

하지만 그렇더라도 "이 시간에는 반드시 이것을 하자"라고 정하고, "지금은 이것을 해야 한다"라고 생각할 수 있게 되면 공부하며 집중할 때는 확실히 집중하고 쉴 때는 또 충분히 쉬는 식으로 시간을 효과적으로 활용할 수 있게 됩니다.

| 타이머를 이용해 시간을 효율적으로 관리하자 |

시간을 효율적으로 관리하는 방법으로 PART 2에서도 설명한 것처럼 정해진 시간에 알림음이 울리도록 타이머를 설정해 두는 것을 추천합니다.

이를테면 '저녁 7시부터는 수학 문제집 풀기'와 같이 할 일을 시간 단위로 구분하고, 자신의 생활 리듬을 갖추면 공부를 더 효율적으로 할 수 있습니다.

여러분의 학교에서는 수업 시작을 알리는 종소리가 울리는지요? 대개의 학교에서는 수업의 시작과 끝이나 점심시간 등을 알리기 위해 종소리를 울립니다.

이와 마찬가지로 정해 놓은 시간에 공부를 시작할 수 있도록 알림음이 울리게끔 설정해 두고 매일 그에 따라 행동하다 보면 PART 2에서 설명했듯이 자연스레 습관화가 이루어집니다.

예를 들어 저녁 7시에 식사를 한 뒤 빈둥거리던 사람이라면 '저녁 식사 후 8시부터는 반드시 공부하기'라는 규칙을 정해 그 시간에 알림음이 울리도록 설정해 놓고 저녁 8시가 되면 학교 종소리처럼 알림음이 울림으로써 억지로라도 이제 공부할 시간이라고 생각하게끔 말이죠. 그리고 그 시간이 되면 의욕이 없어도 일단은 책상 앞에 앉습니다.

여러분, 속는 셈 치고 한번 실천해 보세요. 처음엔 힘들 수도 있으나 신기하게도 일주일 정도 실행하다 보면 익숙해지거든요.

이때 첫 한 주 동안은 가족에게 "저녁 8시부터는 반드시 공부할 거야!"라고 선언하듯 알리는 게 중요합니다. 그러면 그 한 주간은 어떻게든 지속하게 될 테니까요. 그렇게 해서 습관화가 되어갑니다.

효율적인 시간 관리를 위해서 꼭 해보시길 권합니다.

 **STEP 1 핵심 포인트**

· 하기는 싫은데 잘하는 공부를 할 때는 시간을 들이지 않고
  좋은 결과를 얻을 수 있도록 한다.
· 그러기 위해서는 먼저 효과적으로 시간을 활용해야 한다.

역산 사고에 따라 생각하기

헛된 공부를 철저히 배제하고 효과적인 노력만 하자

이제 시간 관리 기술을 키우는 요령에 대해서는 여러분 모두 어느 정도 이해하셨을 테니 이번에는 계획에 대하여 설명하기로 하겠습니다.

본론으로 들어가기 전에 여러분께 한 가지 질문이 있습니다. 여러분은 노력을 지속할 수 있는 사람과 그렇지 않은 사람은 선천적으로 정해져 있다는 말을 들어본 적이 있나요?

미국 테네시주 내슈빌에 위치한 밴더빌트대학교의 마이클 트레드웨이가 이끄는 연구팀이 《신경과학저널》에 발표한 연구 논문이 있습니다. 연구 주제는 노력할 수 있는 사람과 그렇지 못한 사람의 차이를 뇌과학적으로 분석하는 것이었는데요. 실험 결과 노력이 지속되지 못하고 작심삼일로 끝나기 쉬운 사람은 이해득실을 따지는 사고방식이 선천적으로 발달한 사람이라는 결론이었지요.

그럼 이제부터가 본론입니다만, 우리도 위 연구와 같은 실험을 도쿄대생 10명 이상을 대상으로 하여 진행해보았습니다. 도쿄대생은 과연 노력할 수 있는 뇌의 소유자인지 아닌지를요.

그 결과는 의외였습니다. 우리는 노력할 수 있는 뇌를 가진 사람이 많을 것으로 예상했는데 실험 결과는 양쪽이 균등하다고 나왔거든요. 오히려 노력하지 못하는 뇌의 소유자가 조금 더 많았습니다.

즉 '공부를 잘하느냐 아니냐, 도쿄대에 들어갈 수 있느냐 아니냐'와 '노력할 수 있는 뇌인지 노력하지 못하는 뇌인지'는 상관이 없다는 결론을 내리게 되었습니다.

노력하지 못하는 사람이 도쿄대에 붙는 이유

그렇다면 왜 노력하지 못하는 사람도 도쿄대에 붙을 수 있는 걸까요? 그 이유는 그들의 '노력법'을 들어보면 수긍할 수 있습니다.

득실 감정이 강한 사람은 사실 일을 효율적으로 진행하는 데 능숙한 사람입니다. 그러고 보니 앞서 소개한 실험에서 노력하지 못하는 사람의 경우 노력할 수 있는 뇌를 가진 도쿄대생보다 공부 시간은 짧았으나 그만큼 어떻게 하면 효율적으로 짧은 시간에 공부할 것인가를 철저히 생각하는 경우가 많더군요.

"이런 거 해봐야 별 의미 없잖아"라고 생각한다는 것은 바꿔 말하면 "시간 낭비하지 말고 확실하게 목적지에 가까워질 수 있는 노력에 집중하자"라고 생각하는 능력이 높은 것이라고 말할 수 있습니다.

귀찮아한다는 것은 나쁜 게 아니라 귀찮게 여기기에 오히려 노력을 효율화할 수 있다는 얘기입니다.

반대로 노력할 수 있는 뇌를 가진 사람 중에는 많은 시간을 쏟아 부었음에도 좋은 결과를 얻지 못하는 타입도 있습니다. 그러므로 귀찮아하는 걸 나쁘다고만 생각할 일은 아닙니다.

그리고 우리는 특히 '하기는 싫은데 잘하는' 과목의 공부, 즉 시간을 크게 들이지 않아도 되는 것에 대해서는 귀찮아할 필요가 있습니다.

| 귀차니즘이 심한 도쿄대생의 사고법 |

그렇다면 만사를 귀찮아하는데 도쿄대에 합격한 사람들은 도대체 뭘 어떻게 했기에 시험에 붙은 걸까요? 이런 유형의 가장 큰 특징은 바로 '역산 사고(逆算思考)'를 한다는 점입니다.

역산 사고는 목표를 먼저 설정한 후 거기에 도달하기 위해서 '지금 해야 할 일은 무엇인지', '어떻게 진행해 나갈 것인지'를 역산하면서 실행 수단을 생각하는 사고법을 말합니다.

예를 들어 대학 시험이든 자격증 시험이든 시험에 합

격하고자 할 때 이러한 유형의 사람들은 먼저 기출문제를 살펴봅니다. 풀지 못하거나 잘 모르는 부분이 많아도 상관하지 않습니다.

일단은 기출문제를 보면서 "아, 이런 문제들을 풀 수 있어야 하는 거구나!" 하고 느끼고 자신이 앞으로 공부하고 난 뒤 어떤 문제를 풀 수 있어야 하는지를 의식합니다.

이는 그리 오랜 시간이 걸리지 않으면서도 공부의 질을 현격히 높이는 중요한 행위입니다. 평소 공부할 때도 "이 문제는 기출문제에 나온 그 문제를 풀기 위해서라도 꼭 필요하겠다"라고 생각하면서 진행할 것이고, 그러다 보면 목적 달성이 가까워지고 있음을 실감하기도 쉬워질 것입니다. 또 그로 인해 "이게 무슨 의미가 있을까?" 하고 생각하는 일도 적어지겠죠.

물론 반대로 "이건 내게 필요 없는 것이다" "이 부분은 힘을 쏟지 않아도 되겠다" 하고 불필요한 공부를 배제하는 것도 가능합니다.

이렇듯 단시간에 성과를 내야 하는 '하기는 싫은데 잘

하는' 공부에 효과적인 역산 사고에 대해서 살펴봤습니다. 미래의 목표를 정하고 현재를 생각해 가는 역산 사고는 불필요한 낭비를 제거하는 데 도움이 되는 유용한 사고방식입니다.

사람은 보통 "오늘은 먼저 이 공부를 하자" "내일은 이 공부를 하는 게 좋겠다" 하고 기분에 따라 자신의 할 일을 결정하는 경향이 있습니다. 하지만 그런 방법은 낭비가 많습니다.

불필요한 낭비를 줄이기 위해서는 1년 후에 어떤 모습의 내가 되고 싶은지 장기적인 시야로 목표를 생각해야 합니다.

그리고 그 1년 후의 목표를 달성하기 위해 "이번 달 안으로 이 책을 끝내 놓자"라거나 "이번 달에 해야 할 일들을 생각하면 오늘은 이걸 끝내 놓아야 한다"라는 식으로 공부 계획을 짜는 것이 좋습니다.

그렇게 하면 무의미한 노력이나 안 해도 될 고생을 하는 일이 없어지고, 정신적으로도 "나는 현재 목표를 향해

열심히 달려 나가고 있다"라는 의식을 가지고 노력해 나
갈 수 있습니다.

 STEP 2 핵심 포인트

- 귀찮다는 감정은 효율화로 이어진다.
- 목표에서부터 역산하면 낭비를 철저히 배제한 공부를 할 수
  있다.

　　　　　　　반드시 합격하는 사분면 공부법

STEP 3

생각하는 시간을 줄이기

이미 정답이 나와 있는 문제는 그 답을 적극 활용하자

이번에는 '생각하는 시간 줄이기'에 대해서 살펴보겠습니다. 역산 사고법으로 생각할 때 가장 많이 줄일 수 있는 시간은 바로 생각하는 시간입니다.

〈생각하는 사람〉이라는 미술작품이 있습니다. 오귀스트 로댕이 제작한 조각상으로, '턱을 괴고 앉아 생각에 잠긴 사람'을 형상화한 조각품입니다. 다들 이미 알고 계실 텐데요.

이 〈생각하는 사람〉은 로댕 자신을 나타내는 것이라는 말도 있고, 조각상 제작의 모티브가 된 단테의 서사시

《신곡》속 주인공인 단테를 나타내는 것이라는 말도 전해집니다. 그렇지만 분명하게 누구를 나타내는 것인지 밝혀지지는 않았습니다.

여기서 중요한 사실은 '인간이 사색에 잠긴 모습'을 형상화한 〈생각하는 사람〉이라는 조각상이 '생각한다'라는 행위를 의자에 걸터앉아 턱을 괴고 어딘가를 가만히 응시하는 것으로 표현했고, 또 그것이 전 세계적으로 받아들여지고 있다는 점입니다.

| 생각한다는 것은 이해하려고 노력하는 것 |

그렇다면 여러분은 '생각한다'라고 했을 때 어떠한 행위가 머릿속에 그려지나요?

머릿속에 그린다고 하는 행위 자체가 생각하는 행위에 속하는 일이지만, 어떻게 하면 '생각한다'라는 행위를 정의할 수 있을까요?

'생각한다'는 행위에도 여러 가지 형태가 있겠지만 그래도 대략 정의하자면 '알 수 없는 것에 대해서 이해하려고 노력하는 것'이라고 할 수 있습니다. "어떤 문제가 있는데 잘 이해되지 않아서 생각한다" "여자 친구의 마음을 알 수 없어서 생각한다" "오늘 저녁 식사 메뉴를 생각한다" 등 모두 '어떻게 행동하면 좋을지 알 수 없는 것' 또는 '뭐가 정답인지 알 수 없는 것'에 대해서 정답을 찾아내기 위한 시도라고 할 수 있지요.

어떤 문제에 대해서 답이 떠오르지 않을 때 생각해 보는 것 자체는 문제 해결을 위한 적절한 접근이라고 말할 수 있습니다.

생각해도 소용없는 일이 있다

하지만 생각한다고 해도 '무언가'를 분명하게 자각하고 있지 않으면 그 시간은 전혀 쓸모없는 것이 되고 맙니다.

이미 답이 나와 있는 것에 대해서 생각해 봤자 그다지 좋은 결과로 이어지지는 않습니다. 현재 생각 중인 일이 정말로 생각해서 답을 찾아낼 필요가 있는 것인지를 의심해 봐야 하죠.

예를 들어 어떤 수학 문제가 있다고 했을 때 그 문제를 한 시간 동안 생각한다고 해서 성적이 좋아질까요? 그럴 일은 없겠죠. 3분 생각해서 답이 떠오르지 않는다면 모범 답안을 보면 그만입니다.

"이러고 있는 시간이 무슨 의미가 있을까?" 하고 의심의 눈초리로 바라보는 것이 중요합니다. 그저 생각만 하는 것은 시간을 낭비하는 일이 될 수 있으므로 반드시 줄이는 게 좋습니다.

💡 **STEP 3 핵심 포인트**

- 답이 나와 있는 문제에 대해서 생각하는 것은 시간 낭비다.
- 생각하기 전에 정보를 모아 이미 답에 도달한 사람을 찾는다.

STEP 4

아웃풋을 중시하기

과학적으로 증명된 '머리가 좋아지는 순간'을 늘리자

마지막은 아웃풋을 중시하는 것입니다.

앞에서 말한 바와 같이 우리는 하위권 성적에서부터 공부를 시작하여 도쿄대에 합격한 도쿄대생들이 모인 집단입니다.

"하위권 성적이었던 이유는 공부를 안 해서 그런 게 아닌가요?" "공부해서 성적이 오른 걸 보면 타고난 머리가 좋은 거겠죠?"라고 생각하는 사람도 있을지 모르겠지만 절대 그렇지 않습니다. 매일 적어도 한 시간씩 책상 앞에 앉아 공부를 열심히 하는데도 성적이 전혀 오르지 않아

좌절하는 타입의 사람도 많습니다.

열심히 공부하는데도 왜 성적이 오르지 않는 걸까요?

그 이유는 바로 눈으로 '보기만 하는' 공부를 하기 때문입니다.

| 눈으로 보기만 하는 공부는 비효율적 |

성적이 잘 오르지 않는 사람의 공부 스타일을 보면 대개가 그냥 눈으로 보기만 합니다.

여러분은 영어 단어장을 어떤 식으로 사용하나요? 공부해도 성적이 잘 오르지 않는다면 그 사람은 영어 단어를 그냥 보기만 하고선 그것으로 성적이 오른 기분에 빠지는 일을 반복하고 있을지도 모릅니다.

마찬가지로 참고서를 읽기만 하는 공부나 교과서를 쳐다보기만 하는 공부는 아무리 해도 의미가 없습니다.

보기만 하는 공부는 학습 효과가 전혀 없습니다. 분명히 말하지만 보기만 했는데 성적이 올랐다면 그 사람은 천재입니다.

보통 사람이 영어 단어를 익히려면 직접 종이에 써 보거나 입 밖으로 내뱉어봐야 합니다. 다시 말해 아웃풋이 필요하다는 얘기죠.

인풋과 아웃풋에 대해서는 익히 들어보셨을 텐데요. 공부에는 크게 나눠 두 가지 방법이 있습니다. 하나는 새로운 지식이나 해법을 기억하는 인풋, 또 하나는 누군가에게 그것을 설명하거나 테스트하거나 활용하는 아웃풋입니다.

그리고 보통 공부는 인풋이 더 중요하다는 선입견이 있습니다. 책을 읽거나 선생님의 설명을 듣는 것이 공부라고 말이죠.

그런데 그것으로는 부족합니다. 컬럼비아대학교에서 실시한 한 실험에 따르면 사람이 사물을 기억하기 위해서는 '인풋 30퍼센트, 아웃풋 70퍼센트'가 황금비율이라고 합니다.

다시 말해서 책을 읽거나 인쇄물을 보거나 다른 사람의 이야기를 듣기만 하지 않고 그 두 배 이상의 시간을 아웃풋에 쓰는 사람 쪽이 지식을 더 많이 습득하고, 정보를 오래 기억할 수 있다는 말입니다.

| 아웃풋이 필요한 이유 |

아웃풋은 정보를 실제로 '사용하는 것'입니다. 획득한 정보를 이용해 문제를 해결하거나, 그 정보를 자기 나름의 말로 타인에게 설명하거나, 또 그 정보를 통해 새로운 질문을 생각해 보는 것이 바로 아웃풋입니다.

우리는 흔히 "인풋이 없으면 아웃풋도 없다"고 생각하는 경향이 있지요. 지식의 양이 부족해서 시험 점수를 못 받는 거라거나 이해력이 없어서 모르는 거라고 말이죠.

그런데 지식이 있음에도 그 지식을 응용하여 아웃풋을 할 능력이 없는 사례가 꽤 있습니다. 수학 공식을 완벽하게 외우고 있다고 해도 시험에 나온 문제에 어떤 공식을 적용해야 하는지 알려면 또 다른 훈련이 필요합니다.

마찬가지로 획득한 정보를 실제로 사용해 보지 않으면 어떻게 활용해야 할지 모르는 경우가 매우 많습니다.

| 머리가 좋아지는 순간을 많이 만들자 |

여러분은 혹시 인간의 뇌가 좋아지는 순간이 언제인지 아시나요? 교육학에서는 머리가 좋아지는 순간이 언제인지를 뇌 실험을 통해 분명하게 밝히고 있습니다.

머리가 좋아지는 순간이라고 하면 수업을 듣고 있을 때 또는 책을 읽고 있을 때를 떠올리기 쉽겠지만 사실은 다릅니다. 실제로는 '아웃풋을 했을 때'가 가장 머리가 좋아지는 순간이라고 합니다. 이를테면 문제 풀이를 진행할 때를 들 수 있겠네요. 문제를 풀기 위해서는 자신이 가진 지식을 정리하여 인풋을 어떻게 활용할 것인지를 생각해야 합니다.

타인에게 무언가를 설명할 때도 그렇습니다. 누군가에게 무언가를 설명하려면 자신이 그 배경이나 본질을 이해하고 있어야 하죠. 인풋을 제대로 정리하지 않으면 설명을 하지 못할 뿐만 아니라, 설명해야 할 타이밍에 인풋을 정리하느라 시간을 허비하게 되거든요.

하나 더 예를 들면 질문하는 행위를 해도 머리가 좋아

집니다. 질문을 하기 위해서는 인풋을 해 둔 지식에 구멍이 생긴 부분을 찾아낸 후 필요한 정보가 무엇인지를 정리해야 하니까요.

이와 같이 문제를 풀든 설명을 하든 질문을 하든 인풋을 한 내용이 모두 머릿속에 정리되어 있어야 합니다. 이때 아웃풋을 해야 머리가 좋아지는 것이며 인풋만으로는 의미가 없습니다.

| 아웃풋을 중시하면 인풋의 질이 높아진다 |

아웃풋을 중시하는 공부에는 좋은 점이 하나 더 있는데, 이렇게 공부하면 인풋의 질이 좋아지는 효과가 있다고 합니다.

예를 들어 여러분에게 부모님이 "오늘 수업 시간에 뭘 배웠는지 집에 와서 알려줘"라고 말했다고 가정해 보겠습니다. 그러면 여러분은 평소보다 더 집중하여 수업을 듣겠지요. 수업 내용을 제대로 듣고 정리해야 부모님께 말할 수 있을 테니까요.

이는 아웃풋을 전제로 인풋을 함으로써 인풋의 질이 높아진다는 얘기가 됩니다.

"지금 배우고 있는 내용을 나중에 내가 설명해야 할 것이다."

"이 지식을 활용해야 할 때가 언젠간 반드시 올 것이다."

이러한 생각을 가지고 들으면 남의 말에 더 귀를 기울이게 되고 활용할 수 있는 형태로 정보를 받아들일 수 있거든요.

이처럼 아웃풋을 중심에 두면 공부 효과가 점점 높아집니다. 그러므로 인풋만 하는 형태가 아닌 다른 방법으로도 공부할 수 있도록 아웃풋 끼워 넣기를 추천합니다.

교과서나 참고서 중에도 읽기만 하는 형태가 아닌 메모가 가능하거나 문제 풀이가 수록된 교재가 있습니다. 또 영어 단어징의 경우 테스트가 제공되거나 글자를 가리는 기능 등이 붙어 있기도 합니다.

이왕이면 이처럼 아웃풋이 가능한 교재로 공부하기를 추천합니다. 처음에는 쉽지 않을 수도 있으나 그래도 꼭 실천해 보시길 바랍니다.

💡 STEP 4 핵심 포인트

- 사람은 아웃풋을 하는 순간에 머리가 좋아진다.
- 인풋 대 아웃풋의 황금비율은 3:7

PART 3 '하기는 싫은데 잘하는' 과목에 대한 공부법

✏ 귀차니스트라도 OK!

최소의 시간으로 최대의 효과를 얻기 위한 4단계

💡 **STEP 1 할 때는 하고 쉴 때는 쉬기**

· 하기는 싫은데 잘하는 공부를 할 때는 시간을 들이지 않고 좋은 결과를 얻을 수 있도록 한다.

· 그러기 위해서는 먼저 효과적으로 시간을 활용해야 한다.

- -

💡 **STEP 2 역산 사고에 따라 생각하기**

· 귀찮다는 감정은 효율화로 이어진다.

· 목표에서부터 역산하면 낭비를 철저히 배제한 공부를 할 수 있다.

💡 STEP 3 생각하는 시간을 줄이기

· 답이 나와 있는 문제에 대해서 생각하는 것은 시간 낭비다.
· 생각하기 전에 정보를 모아 이미 답에 도달한 사람을 찾는다.

💡 STEP 4 아웃풋을 중시하기

· 사람은 아웃풋을 하는 순간에 머리가 좋아진다.
· 인풋 대 아웃풋의 황금비율은 3:7

	좋아함	싫어함
잘함	✓	✓
못함	✓	✓

타고난 머리가
좋아지는 습관

✎ 책상 앞에 앉지 않아도 OK!

'왜?'라는 의문을 이어나가는 사고법이
머리를 좋게 만든다

STEP 1

스스로 질문하고 답 찾기
일상생활을 전부 교과서로 삼자

지금까지 사분면 도식의 항목별 공부법에 대하여 설명하였습니다. 앞에 소개한 각 공부 방법은 그 자체로도 효과가 크지만, 각각의 공부법을 지탱하는 토대가 탄탄하면 효과는 몇 배나 더 커집니다.

그래서 지금부터는 사분면을 지탱하는 토대, 이른바 '모든 공부를 지탱하는 토대'에 대해서 설명하고자 합니다.

PART 4에서는 "어떻게 공부하면 머리가 좋아질까?"라는 배움의 자세에 대해서 말해 보겠습니다. 머리가 좋은 사람은 어떻게 학습을 가속화하고 있을까요?

먼저 여러분에게 말하고자 하는 내용은 머리 좋은 사람들의 공통된 자세에 관해서입니다. 머리 좋은 사람은 사실 눈앞의 일을 곧이곧대로 받아들이지 않는다는 특징이 있습니다.

어떤 정보에 대해서건 "이 정보에는 눈에 보이지 않는 다른 측면이 있는 것은 아닐까?" 또는 "어떠한 이면이 존재하는 건 아닐까?"라고 생각하면서 눈앞의 일을 해석하는 습관이 있죠.

〈드래곤 사쿠라〉 속 인상 깊은 대사를 예로 들어보겠습니다.

남에게 속고 싶지 않다면, 늘 손해만 보고 싶지 않다면, 지고 싶지 않다면 공부해라.

공부하는 이유, 목적, 의의에는 여러 가지가 있겠지만, 그중에서도 '속지 않기 위해 공부한다'라는 말은 매우 무겹게 다가옵니다.

속지 않으려면 곧이곧대로 받아들여서는 안 된다.

이것은 정말 중요한 일입니다.

│ 눈앞에 벌어지고 있는 일을 의심하면 머리가 좋아진다 │

우리는 종종 "에이, 거짓말!" 하고 말하는 경우가 있습니다. 여기서 거짓말은 '진실하지 않다'라는 의미입니다. 그 뜻에는 틀림이 없지요.

그런데 일본인들은 평소 이렇게 대화하기도 합니다.

"나 이번 토익 만점 받았어."
"오, 거짓말! 진짜야? 축하해."

이때 쓰인 거짓말은 사실이 아니라는 의미가 아니죠. 이때의 거짓말은 "정말? 사실이야?"라는 의미입니다.

이처럼 일본에서는 거짓말을 "정말로?"라는 의미로 사용하기도 합니다(일본어 うそ의 사전적 의미는 '거짓말'이지만, 기쁨이나 감동, 놀람 등의 표현으로 사용하기도 한다-옮긴이).

눈앞에 있는 것을 그냥 받아들이지 않고 이면의 의도나 배후에 숨어 있는 배경, 전제, 흐름을 제대로 이해하는 것. 이것이 바로 머리를 쓴다, 생각한다, 사고한다는 뜻입니다.

머리를 쓰고, 생각하고, 사고하는 행위를 공부뿐 아니라 세상이나 사회에 대해서도 적용해 활용할 수 있느냐 아니냐는 점도 중요합니다. 그래서 속지 않으려면 공부하라는 말을 하는 것이죠.

도쿄대생은 눈앞의 일을 그대로 받아들이지 않고 제대로 이해하고 분석하려 합니다. 왜냐하면 도쿄대 입시에 나오는 문제는 눈앞의 일을 어떻게 이해하고 판단할 것인지를 묻기 때문입니다.

단순한 지식을 묻는 문제는 거의 나오지 않습니다. 그런 것보다도 오히려 "교과서에 반드시 실리는 매우 유명한 공식인데, 이것이 왜 성립하는지 아는가?"라거나 "중

학교에서 배우는 이 영어 단어는 실제로도 몇백 번 넘게 봤을 텐데 사실은 어떤 의미인지 알고 있는가?"라는 식으로 당연한 것의 이면을 묻는 문제가 많습니다.

| 일상생활 속에서 생기는 의문을 소중히 여긴다 |

이처럼 당연한 것의 이면을 알기 위해서는 '왜?'라고 생각하는 게 중요합니다.

항상 사물을 의심하고, '왜?'라는 의문을 가지고 사고하는 것이지요. 그런 자세가 되어 있는 사람은 반드시 머리가 좋아집니다. 반대로 그렇지 못한 사람의 머리는 좋아지지 않습니다.

지식이나 정보를 단순히 기억하기만 해서는 의미가 없습니다. 중요한 것은 그 지식이나 정보에 대해서 '왜 이렇게 되는 걸까?'를 생각하는 일입니다. 주어진 정보를 곧이곧대로 받아들이는 게 아니라 '왜?'라는 의문을 가지고 생각할 때 사람의 머리는 좋아집니다.

눈앞의 일을 그저 아무 생각 없이 받아들이지 않고

'왜?'라는 의문을 가지고 더 깊이 생각하고 이해하려고 하는 것이 머리 좋은 사람이 사물에 접근하는 방식입니다. 바꿔 말하면 호기심 또는 비판적 사고력이라고 할 수 있을지도 모르겠습니다.

뭐가 됐든 머리 좋은 사람은 '생각하는' 행위를 회피하지 않기에 계속 머리 좋은 사람으로 있을 수 있다는 말입니다.

그 어떤 것이라 할지라도 "알 게 뭐야? 뭐든 상관없어" 하고 그냥 흘려보내지 말아야 하죠.

| 도쿄대 입시 문제도 일상 속의 '왜?'로 풀 수 있다 |

이를 증명이라도 하듯 도쿄대 입시 문제는 어느 정도의 기초 지식을 전제로 하는 단순 암기식 지식을 묻는 게 거의 없습니다.

출제되는 것은 '왜?'라는 의문과 관련한 질문이지요.

• 왜 셔터가 닫힌 상점가가 늘고 있는가?
• 왜 세계대전은 다른 전쟁과 비교해 심각한 피해가

발생했는가?

- 왜 나가노현과 이바라키현에서는 양상추 수확량이 많은가?

모두 도쿄대 입시에 나왔던 문제입니다. 이 문제들은 일상생활 속 여러 가지에 무관심한 채 책상 앞에 앉아 암기만 해서는 풀 수 없습니다.

일상생활이나 뉴스, 교과서에 쓰여 있는 내용에 대해서 '왜?', '어째서?'라는 의문을 가지지 않으면 대답할 수 없는 문제들입니다.

호기심이 없으면 해결할 수 없는 시험이야말로 도쿄대 입시라고 할 수 있습니다. '왜'라고 묻고 그 문제의 답을 찾아내는 능력, 즉 도쿄대에서는 스스로 질문을 만들고 답을 찾는 능력을 추구합니다.

이 '왜?'를 묻는 능력을 익히는 데 필요한 것은 언제든지 질문을 찾고 답을 추구하는 자세입니다. 그러므로 '왜?'라는 생각이 들 때는 스마트폰으로 검색을 하거나 누군가에게 물어서 답을 찾으려 노력하는 습관을 가져야 합니다.

- 왜 하늘은 파랄까?
- 일상생활에서 무심코 사용하는 이 영어 단어의 의미
  는 뭘까?
- 왜 패스트푸드점은 다점포 운영 비중이 높을까?

이처럼 평소 생활에서 부딪히는 의문의 답을 그대로 방치하지 않고, 조사하고 생각하는 습관을 지녀야 합니다.

먼저 이러한 것들부터 확실하게 습관화해 보세요. 기초를 철저히 하는 사람이라면 다음 단계로 편하게 넘어갈 수 있으리라 생각합니다.

💡 **STEP 1 핵심 포인트**

- 주어진 정보를 그대로 받아들이지 않고 항상 의심해 본다.
- 일상생활에서도 스스로 질문을 만들어 답을 찾다 보면 머리
  가 좋아진다.

STEP 2

연관 지어서 기억하기

최강의 기술로 기억력을 폭발적으로 높이자

STEP 1에서 설명했듯이 '왜?'를 사용하면 점점 머리가 좋아질 수 있습니다. 쉽게 말해서 기억력이 향상된다는 말입니다.

갑작스러운 질문입니다만, 여러분은 기억의 프로세스에 대해서 아시는지요?

우리 인간은 흐름 안에서 '한 덩어리'로 되어 있는 부분을 쉽게 기억하는 성질을 가지고 있습니다.

| 전체 → 부분으로 기억하기 |

사람이 다른 사람의 얼굴을 기억할 때 각각의 얼굴을 한 사람 한 사람 개별적으로 기억하지 않는다고 합니다.

사람의 얼굴을 기억할 때 '남자 얼굴'이라는 큰 틀의 이미지를 기억하고 그 이미지에 부합하지 않는 개별적 특징을 추가로 더 기억하는 것이죠.

예를 들어 'A는 안경을 쓰고 있으니 이런 얼굴', 'B는 눈이 좀 큰 편이므로 이런 얼굴' 하며 떠올리고 남자 얼굴이라는 큰 틀에 개별적 특징을 조합하여 기억합니다.

100~200명 이상의 얼굴을 개별적으로 일일이 기억한다는 것은 매우 어려운 일이지만, 큰 틀이 되는 하나의 '남자 얼굴'과 약간의 개별적 특징을 기억하는 거라면 적은 정보량으로도 문제없이 대응할 수 있습니다.

단일체로 기억하는 것이 아니라 연관 지어서 하나의 흐름 또는 큰 틀을 파악하고 그에 대하여 개별적 특징을 강조해서 기억해 나가는 것입니다. 그런 방법을 통해 기억하는 것은 오래 기억하기 위해 인류가 고안한 효율적

반드시 합격하는 사분면 공부법

인 기억 저장 과정입니다.

이러한 흐름과 개별적 특징을 연관 짓는 것이 바로 '왜?'라는 발상입니다. 역사 연대를 외울 때도 먼저 "왜 이 시대에 이런 사건이 발생했는가?"라는 시대 배경과 같은 큰 틀의 이미지를 알아야 합니다.

그렇게 해서 그 이미지가 만들어지면 다른 연대를 기억할 때 "아, 그래서 이 시대에 이런 사건이 일어났었구나!" 하고 연관 지어서 기억할 수 있습니다.

그리고 기억이 쌓이다 보면 다른 사건에 대해서도 "그 사건으로 인해서 이런 일이 발생했구나!" 하고 생각할 수 있게 되면서 모든 것이 연결되기 시작하죠.

기억력이 좋은 사람은 이처럼 '왜?'라는 사슬로 사물을 연관 지어 기억하는 기술을 갖추고 있어서 여러 가지 사물을 잘 기억할 수 있는 것입니다.

| '연관 짓기'는 도쿄대 입시의 필수 테크닉 |

도쿄대생은 이러한 기술을 매우 잘 사용합니다. 애초에

이러한 기술이 없으면 도쿄대에 합격할 수 없습니다. 왜냐하면 도쿄대 입시에서도 많이 출제되는 형식의 문제거든요.

세계사 시험을 예로 들어본다면 "이 시대의 개요를 설명하고 역사적 사건 등 자세한 내용을 서술하시오"라는 유형의 문제가 많이 출제됩니다. 제시한 시대의 여러 가지 사건을 연관 지었을 때 보이는 큰 틀의 이미지와 사건의 상세라는 개별적 특징을 세트로 묻는 문제라고 할 수 있습니다.

결국 어떠어떠한 문제를 풀 수 있다는 말은 그 분야에 대해서 앞 예의 '남자 얼굴' 이미지라는 큰 틀과 '눈이 큰 편'이라는 개별적인 얼굴 특징을 조합하여 기억하는 기술이 몸에 배어 있다는 뜻입니다.

즉 앞으로 아무리 많은 '새로운 남자 얼굴(새로운 분야)'을 봐도 대체로 기억해 낼 수 있음을 증명하는 것이라고 할 수 있습니다.

그래서 도쿄대에서는 "이런 문제를 풀 수 있다는 것은

앞으로 대학에서 새로운 분야에 대해 공부해도 분명 잘 따라갈 수 있다는 뜻이다"라는 생각으로 문제를 내고, 이를 잘 풀어 점수가 높은 사람을 합격시키고 있는 게 아닐까요.

또, 도쿄대생은 이러한 문제를 잘 풀기 위해 사물을 기억할 때 여러 가지 방법을 궁리합니다. 이와 관련하여 도쿄대생의 두 가지 기술을 소개하고자 합니다.

| 연관 짓기 기술 |

하나는 관련성을 선으로 연결하는 방법입니다.

도쿄대생의 노트나 참고서를 살펴보면 관련성이 있어 보이는 것끼리 선이나 화살표로 연결해 놓은 것을 볼 수 있는데, 이렇게 연결해 놓으면 다양한 사물의 관련성을 명확하게 알 수 있습니다.

"이 사건으로 인해 저 사건이 일어났다" "이것과 이것은 이러이러한 관련성이 있다"라는 것들을 선으로 연결하는 것이지요.

기억을 선으로 연결하여 관련성을 이해하는 노트를 작성하면 큰 틀로 파악해 쉽고 편하게 이해할 수 있게 됩니다.

이러한 노트를 만들어 두면 어쩌다 한 번씩 까먹더라도 다른 단어와의 관련성을 통해 기억해 낼 수 있으며, 또 새로운 단어를 기억할 때도 흐름 속에 끼워 넣어 기억하기 쉽습니다.

예를 들어 term(텀)이라는 영어 단어는 '기간, 전문 용어, 관계' 등 복수의 뜻을 가진 단어입니다. 그런데 이 단어와 비슷한 단어를 어디선가 들어 보셨죠? 맞습니다. 바로 terminal(터미널)입니다. 여러분도 버스 터미널이나 공항 여객터미널 등을 이용해 보셨을 텐데, 과연 term과 terminal의 두 단어 사이에는 어떤 관련성이 있을까요?

terminal은 시발도 종착도 아닌 여기부터 여기까지라고 범위를 한정한 장소를 뜻합니다. 버스나 비행기 노선의 범위를 한정하기 위한 것으로 출발점이자 도착점임을 가리킵니다.

사실 term에는 '범위의 한정'이라는 의미가 있습니다. '시간을 한정'하다는 뜻을 가져 기간, 학기, 임기 등을 나타내고, 특정한 이름이나 용어 등 '말의 의미를 한정'하여 전문 용어를 나타냅니다. 또 친구라기엔 너무 가깝고, 연인이라기엔 조금 먼 사이와 같이 '인간관계를 한정'하여 관계, 사이를 나타냅니다.

term과 terminal은 범위의 한정이라는 관계성으로 연결할 수 있다는 말입니다.

여러분, 혹시 아널드 슈워제네거 주연의 〈터미네이터〉라는 영화를 본 적 있나요? 영화의 제목인 터미네이터라는 단어가 어떤 의미를 담고 있는지 정확히 아는 사람은 적을 것 같습니다만, 이 단어 역시 term의 뜻인 범위의 한정에서 그 뜻을 추측할 수 있습니다.

터미네이터는 모든 것을 끝내는 자, 역사가 시작되어 현재에 이르기까지 그간의 역사에 종지부를 찍는 자라는 의미입니다. 원래 끝을 뜻하는 termination(터미네이션)이라는 영어 단어가 있는데 거기서 파생된 말이 바로 터미네이터이지요.

이렇게 생각을 연관 지어 가다 보면 term이라는 하나의 단어에서 여러 개의 단어를 파생시켜 함께 외울 수 있습니다. 그러니 꼭 참고해 보시길 바랍니다.

| **노트 활용법** |

또 하나의 기술은 주제별 요약 노트를 만드는 것입니다. 공통점이 있는 것, 연관성이 있는 것들을 노트에 정리해 놓는 방법이죠.

이 노트는 스스로 찾아낸 새로운 연관성이나 주제를 정리하는 노트입니다.

저는 대학 입시를 준비하던 수험생 시절에 '17세기에 발생한 사건', '사쓰마번(지금의 가고시마현과 미야자키현의 남서부 지역-옮긴이)의 역사' 등의 주제를 시대나 지역으로 구분하여 요약 노트를 만들었던 적이 있습니다. 또 영어, 고문(古文), 한문의 반어적 표현을 한데 묶어 정리하는 등 교과목이나 배우는 내용에 얽매이지 않고 같은 주제로 다시 정리하는 방법도 써봤는데, 머릿속에 꽤 오래 남아 잘 잊어버리지 않았던 기억이 있습니다.

요약 노트를 만드는 방법은 매우 간단합니다.

❶ 속지를 자유롭게 추가할 수 있는 바인더 노트를 준비한다.

한 장으로 요약해서 보기 편하고, 속지를 추가할 수 있어서 경제적입니다.

❷ 각 페이지 맨 위에 정리하려는 주제를 기재한다.

'17세기의 세계', 'uni-가 붙는 영어 단어'라는 식으로 제목이 될 만한 주제를 적어 놓습니다.

❸ 하나하나의 사항을 기재하기 전에 한마디로 요약한 '개요'를 기재한다.

"17세기는 이러이러한 시대였다" "uni-가 붙는 영어 단어에는 다음과 같은 특징이 있다"라는 식의 내

용을 적습니다. 이것이 바로 흐름, 큰 틀의 이미지
가 됩니다.

❹ 개별 사항과 그 사항끼리의 연관성을 기재한다.

"uni-는 단일이라는 뜻이므로 이러이러한 의미가
있다"라는 식으로 기재함으로써 요약 내용과 연결
되도록 그리고 또 개별적으로도 외우기 쉽게끔 특
징을 강조합니다.

이렇게 하면 연관성과 강조하는 부분이 분명하게 보이
는 노트를 만들 수 있습니다.

'왜?'라는 질문을 던지면서 확실하게 머릿속에 남을 수
있도록 의식하는 것이 좋습니다.

연관 지어 기억하면

쉽게 잊어버리지 않는다

💡 **STEP 2 핵심 포인트**

- 기억은 큰 틀의 이미지와 개별적 특징의 연관 짓기를 통해 정착된다.
- 선으로 연결하기, 주제별 요약 노트 등을 이용하여 연관성을 가시화한다.

글을 읽을 때는 처음과 끝부터 읽기

빠르고 정확하게 많이 읽자

'왜?'라는 의문을 가져 보는 기술은 글을 읽을 때도 사용할 수 있습니다.

도쿄대생과 얘기를 나누다 보면 어마어마한 독서량에 놀라지 않을 수 없는데요. 평소에도 매일 여러 권의 책과 두꺼운 논문을 읽는 것은 말할 것도 없거니와 시험 기간이면 도서관에 죽치고 앉아 몇십 권에 이르는 책을 읽고 있는 도쿄대생을 흔히 볼 수 있습니다.

많은 양의 지식을 얻고 머리를 좋게 하려면 책이나 글을 읽는 것이 매우 중요합니다. 도쿄대 입시를 위해서는 정말로 많은 참고서를 읽으면서 공부할 필요가 있는데 사용한 참고서가 족히 100권은 넘는다는 도쿄대생도 많습니다.

책이나 글을 빠르고 정확하게 읽는 능력은 도쿄대생에게는 꼭 필요한 능력이라고 할 수 있습니다.

| '빠르고 정확하게 많이' 읽는 능력은 후천적으로 몸에 밴다 |

그런데 이러한 능력은 선천적으로 타고나는 게 아닙니다. 후천적으로 나중에 얼마든지 익힐 수 있지요. 사실 도쿄대생도 처음부터 이런 능력이 몸에 배었던 것은 아니고 입시 공부를 하는 과정에서 습득한 경우가 많습니다.

그리고 이 후천적인 능력을 익히기 위한 기술도 역시 '왜?'가 근간에 있습니다.

글은 '주제가 무엇인지 알지 못하면 내용을 바르게 이해할 수 없다'는 성질을 가지고 있지요. 그리고 주제를 파악하는 데 필요한 것이 '왜?'라는 의문입니다.

이는 비단 글이나 책에 국한된 얘기가 아닙니다. 일상 속 대화에서도 흔히 볼 수 있습니다.

예를 들어 선생님이 "요즘 연애 하나 봐"라고 말했을 때 '왜 내게 저런 말을 할까?' 하고 그 말의 이면을 파악하려고 할 것 같지 않나요?

'혹시 성적이 떨어졌다고 말하고 싶은 걸까?' 아니면 '평소 생활 태도 중에 어떤 걸 말하고 싶은 걸까?' 하고 여러 가지 추측을 하게 되지 않을까 싶습니다.

중요한 것은 의도를 파악하는 것입니다. 상대방이 말하고자 하는 바가 한마디로 무엇인지를 잘 모르는 상태에서는 아무리 열심히 글을 읽고 상대방 얘기에 집중해도 그 말이나 글의 진짜 모습을 이해하지 못합니다.

그러나 반대로 의도를 알면 긴 문장도 단번에 쓱쓱 읽어 내려갈 수 있습니다. 속독도 가능하지요.

'아, 요즘 성적이 떨어진 것에 대해서 혼내고 있구나!' 라고 이해했다면 선생님의 "요즘 연애 하나 봐"라는 말의 의도가 이해되어 다음에 어떤 말이 이어질지 대체로 예상할 수 있습니다.

글의 의도를 찾아 그것을 이해하려고 노력함으로써 전체 내용을 이해할 수 있게 되는 것이지요.

의도는 처음과 끝에 드러난다

"그런데 의도라는 건 어떻게 하면 알 수 있어요?"라고 질문하는 사람이 있을지도 모르겠네요.

그것은 매우 간단합니다. 의도가 쓰여 있을 만한 부분, 강조해서 읽어야 하는 부분을 이해하고 있으면 됩니다.

이때 가장 먼저 살펴볼 부분은 글의 처음과 끝부분입니다. 처음과 끝을 읽으면 상대방이 말하고자 하는 요지를 대체로 파악하게 되는 경우가 많습니다.

'요즘 젊은이들에게 부족한 점은 무엇일까?'에서 시작되어 '그래서 요즘 젊은이들은 용기가 부족하다고 생각한다'라고 끝나는 문장이 있다고 가정해 보겠습니다.

필자가 왜 이런 글을 썼는지, 뭘 말하고자 하는지는 일

목요연하죠. '요즘 젊은이들에게는 용기가 부족하다'라고 주장하고 싶은 것임이 분명하거든요.

이러한 글에는 요즘 젊은이들은 용기가 부족하다고 말할 수 있는 근거가 무엇인지, 어째서 용기가 부족하게 되었는지에 관해서도 쓰여 있을 텐데요. 이처럼 의도를 파악하면 어떠한 복잡한 사례가 쓰여 있어도 주장하려는 바를 뒷받침하기 위한 근거라고 생각하면서 문장을 쉽게 읽어 나갈 수 있습니다.

의도를 알고 글을 읽는 것과 모르고 읽는 것은 정말 엄청난 차이입니다. 서론, 본론, 결론으로 이루어진 글에서 처음과 끝에 해당하는 서론과 결론을 읽으면 글의 방향성을 파악할 수 있습니다. 글의 처음과 끝을 알고 있으므로 내용이 어떤 방향으로 진행될지 대체로 예측할 수 있다는 말입니다.

마찬가지로 제목이나 부제, 목차의 소제목 등을 먼저 찬찬히 읽는 것도 효과적입니다. '젊은이들에게 부족한 점은 무엇일까?'라는 제목이라면 분명 젊은이들에게 부족한 점을 고찰하여 알려주는 글이겠거니 짐작할 수 있습니다.

이처럼 그 의도에 주목하여 읽어 나가다 보면 글의 내용이 자연스레 보이기 시작합니다.

독해는 매우 중요한 능력입니다. 상대방의 의도를 파악한다는 점에서 볼 때 책이나 글의 의도를 이해하는 것과 마찬가지로 상대방이 하는 말을 이해하는 데도 도움이 됩니다.

결국 의도를 파악하는 것은 사회생활 전반에 걸쳐 적용할 수 있는 기술이라고 할 수 있습니다.

💡 **STEP 3 핵심 포인트**

· 글의 의도를 알면 빠르고 정확하게 많이 읽을 수 있다.
· 의도는 글의 처음과 끝에 드러난다.

STEP 4

자신의 의견을 전달하기

세 가지 '왜?'만 들어가도 문장이 좋아진다

마지막은 자신의 의견을 전달하기 위한 작문 능력입니다.

글을 읽는 행위는 지식을 인풋 하는 행위입니다. 인풋을 한 지식도 아웃풋을 하지 않으면 자기 것이 되지 못합니다. 남에게 설명할 수 있을 만큼 자기 안에서 정리되어 있어야 자신의 의견으로 내세울 수 있으며, 그랬을 때 비로소 온전히 자신의 지식이 됩니다. 그러므로 머리가 좋아지기 위해서는 자기 의견으로서 아웃풋 하는 능력이 요구됩니다.

아웃풋을 하는 데도 지금까지 설명한 바와 마찬가지로

'왜?'라고 묻는 능력이 필요합니다. 다만 지금까지 설명한 것과는 크게 다른 또 한 가지 핵심 요소가 있습니다. 그것은 '왜?'라는 물음이 향하는 대상이 바로 '자기 자신'이라는 점입니다.

무슨 뜻인지를 설명하기 위해 여러분께 한 가지 묻고 싶습니다. 여러분은 다음 문장을 의견이라고 할 수 있다고 생각하나요?

요즘 일본의 저출산·고령화 문제는 큰 사회문제라고 할 수 있습니다. 이에 대해서 확실히 대처해야 합니다.

어쩌면 여러분도 "음, 뭔가 부족한 것 같은데"라고 느꼈을지도 모르겠네요. 의견이라고 하기에는 좀 아쉽다고 생각한 사람이 많을 듯합니다.

그런데 사실은 이처럼 의견이라기엔 뭔가 부족한 상태로 의견을 서술하는 사람이 매우 많습니다.

도대체 뭐가 부족한 걸까요?

바로 '객관성'입니다. 객관성이 없으면 올바른 의견이 아니라는 사고방식은 매우 중요하죠. 즉 자기 의견에 대해서 그 의견이 옳다고 말할 수 있는 근거가 무엇인지 객관적으로 의문을 제기하지 않는다면 의미 없는 의견이 되는 것입니다.

의견은 자기 안에서 추정되는 질문, 즉 '왜?'를 확실하게 이해하여 구축해야 합니다. 바꿔 말하면 '왜?' 하고 파고들 여지가 있는 의견은 뭔가가 빠져 있어서 다른 사람이 보기엔 의견이라고 말하기 어려울 수 있습니다.

결국 자신이 의도한 대로 상대방에게 전달되지 못한다는 말입니다.

| 의견을 정립하는 데 필요한 세 가지 '왜?' |

그럼 도대체 어떤 '왜?'가 필요할까요?

정답을 먼저 말하자면 의견을 정립하기 위해서는 다음 세 가지 질문에 대한 답이 필요하다고 정의할 수 있습니다.

❶ 객관성   왜 옳다고 말할 수 있는가?

객관성은 의견의 논거가 될 만한 사실이나 데이터가 어디에 있느냐 하는 포인트를 말합니다.

❷ 구체성   왜 문제라고 생각하는가?

구체적으로 자신은 뭐가 문제라고 파악하고 있는지, 해결해야 할 포인트가 뭐라고 생각하는지를 명확히 해야 합니다.

❸ 해결책   의견이 옳다는 가정하에 결국 무엇을 해야 하는가?

만일 그 의견이 옳다고 했을 때 해결책은 어디에 있는지, 그리고 무엇을 해야 하는지, 그에 대한 결론을 명확히 밝혀야 합니다.

위 세 가지 질문에 대한 답이 제대로 들어가 있어야 의견이 될 수 있습니다. 반면에 의견으로서 인정받지 못하는 것은 이들 요소 중 뭔가가 빠져 있다는 말입니다.

여기서 앞서 소개한 '일본의 저출산·고령화는 심각한 문제다'라는 문장을 다음과 같이 수정·보완한다면 의견이라고 부르기에 충분하지 않을까 싶습니다.

일본은 여러 외국과 비교할 때 고령화 비율이 높다. 그로 인해 일본의 재정은 압박받고 있다. 고령화 비율이 높아지고 있는 원인은 아이를 낳고 키우기 쉬운 환경이 갖춰지지 않아서 많은 사람이 아이 낳기를 꺼리기 때문이다. 그래서 나는 앞으로의 일본을 생각하면 자녀 양육이 쉬운 환경을 갖춰 아이 낳기를 꺼리지 않는 국가가 되도록 하는 시책이 필요하다고 생각한다.

'일본의 저출산·고령화는 심각한 문제다'라는 원래 문장은 단순히 문제만을 언급하고 있습니다. 이처럼 문제만을 언급하게 되면 "음, 왜?" "그렇게 생각하는 근거가 뭐야?" "그래서 어쩌라고?" 등 여러 가지 반론이 생깁니다.

거듭 말하지만 이런 식의 문장은 올바른 의견이라고 할 수 없습니다.

❶의 객관적인 사실이 없으면 "정말로 그래?"라는 말을 듣게 됩니다.

❷의 왜 그게 문제라고 말할 수 있는지, 어떤 포인트가 문제라고 생각하는지에 대한 말이 없으면 "어째서 그렇게 생각하는가?"라는 반론이 나오게 되지요.

나아가 ❸의 어떻게 해야 하는지가 언급되지 않으면 "그래서 결국 무슨 말이 하고 싶은 건데? 어쩌라는 거야?"라며 반박하는 사람들이 나타납니다.

앞의 수정·보완한 문장은 의견을 구성하는 세 가지 요소에 따라 다음과 같이 분석할 수 있습니다.

❶ 일본은 여러 외국과 비교할 때 고령화 비율이 높다. 그로 인해 일본의 재정은 압박받고 있다. (객관성)

❷ 고령화 비율이 높아지고 있는 원인은 아이를 낳고 키우기 쉬운 환경이 갖춰지지 않아 많은 사람이 아

이 낳기를 꺼리기 때문이다. (구체성)

❸ 자녀 양육이 쉬운 환경을 갖춰 아이 낳기를 꺼리지 않는 국가가 되도록 하는 시책이 필요하다. (해결책)

이처럼 의견에 필요한 세 가지 요소가 전부 들어가 있어야 비로소 의견으로서 성립하는 것이죠.

| 질문을 연결하여 깊이 파고들자 |

정리하자면 자신의 의견을 피력하기 위해서는 객관적 사실과 그에 따른 구체적인 문제나 자신의 분석, 그리고 상대방에 대한 제안이 없으면 안 됩니다.

작문을 할 때도 마찬가지입니다. 문장을 만들 때도 상대방이 어떻게 반박할지를 예상하면서 작성하면 제대로 된 의견이 완성됩니다.

나는 일본의 교육이 많은 문제를 안고 있다고 생각한다.

이것이 의견이 되게 하기 위해서는 다음과 같은 질문을 던져 보면 효과가 있습니다.

❷ 구체성 무엇이 문제라고 생각하는가?

지금 일본 아이들은 자존감이 낮아 뭔가를 해보려는 의욕도 낮아지고 있다.

❶ 객관성 옳은 의견이라고 말할 수 있는 이유는 무엇인가? 주제와 근거는 있는가?

OECD의 데이터에 따르면 일본 아이들의 자존감은 세계에서 54위로 낮은 수치를 기록했다.

❸ 해결책 제시한 의견이 옳다고 가정하고, 결국 어떻게 해야 하는가?

일본 아이들의 자존감을 높이기 위해 자존감을 낮추는 기존의 평가 시스템을 바꿔야 한다.

이처럼 질문을 연결하다 보면 의견이 문장으로 잘 정리가 됩니다. 하나의 문장에 대해서 깊게 파고들어 세 가지 질문을 해봄으로써 상대방에게 잘 전달되는 문장을 만들 수 있습니다.

이와 같이 '왜?'라는 물음을 기점으로 삼으면 공부에 임하는 방법, 노력했을 때의 효율 등 여러 가지 결과가 완전히 달라집니다. 여러분도 꼭 해보시길 바랍니다.

💡 **STEP 4 핵심 포인트**

- 자기 의견이라는 아웃풋을 통해 지식을 온전히 내 것으로 만들자.
- 자기 의견을 제대로 정립하려면 객관성, 구체성, 해결책과 관련한 세 가지 질문이 필요하다.

PART 4 타고난 머리가 좋아지는 습관

✏ 책상 앞에 앉지 않아도 OK!

머리를 좋아지게 만드는 4단계

💡 STEP 1 스스로 질문하고 답 찾기

• 주어진 정보를 그대로 받아들이지 않고 항상 의심해 본다.
• 일상생활에서도 스스로 질문을 만들어 답을 찾다 보면 머리가 좋아진다.

💡 STEP 2 연관 지어서 기억하기

• 기억은 큰 틀의 이미지와 개별적 특징의 연관 짓기를 통해 정착된다.
• 선으로 연결하기, 주제별 요약 노트 등을 이용하여 연관성을 가시화한다.

💡 STEP 3 글을 읽을 때는 처음과 끝부터 읽기

- 글의 의도를 알면 빠르고 정확하게 많이 읽을 수 있다.
- 의도는 글의 처음과 끝에 드러난다.

- -

💡 STEP 4 자신의 의견을 전달하기

- 자기 의견이라는 아웃풋을 통해 지식을 온전히 내 것으로 만들자.
- 자기 의견을 제대로 정립하려면 객관성, 구체성, 해결책과 관련한 세 가지 질문이 필요하다.

	좋아함	싫어함
잘함	✓	✓
못함	✓	✓

노력을
계속하는 습관

🖊 강한 마음 따위 없어도 OK!

마음가짐을 어떻게 갖느냐에 따라
노력을 효율적으로 지속할 수 있다

STEP 1

사용하는 단어를 바꾸기

진짜 실력을 발휘할 수 있는 요소를 갖추자

마지막 PART에서는 모든 공부의 두 가지 토대 중 두 번째에 해당하는 효율적인 노력을 지속하기 위한 마음가짐에 대하여 말해 보겠습니다.

조금만 더 방법을 궁리하거나 사고방식을 바꾸기만 해도 인간은 훨씬 효율적인 노력을 지속할 수 있게 됩니다. 그 방법을 세 가지 단계로 소개하고자 합니다.

먼저 중요한 것은 자기 생각이나 의견을 말하는 것부터 바꿔 나가는 일입니다.

| 의외로 빠지기 쉬운 멘털 블록의 함정 |

최소의 노력으로 최대의 성과를 내는 사람은 실패했을 때를 대비한 변명이나 핑계를 대지 않습니다.

여러분은 시험을 치르기 전에 "어제는 공부를 거의 하지 못했어" 또는 "어젯밤에 잠을 설치는 바람에 컨디션이 좋지 않아서 이번 시험은 망칠 것 같아"라고 말하는 사람을 본 적이 있나요? 참고로 저는 그런 말을 했던 쪽에 속합니다.

이것은 멘털 블록(심리적 장벽) 또는 셀프 핸디캐핑(자기 불구화)이라고 불리는 심리 현상입니다. 이런 말을 하는 사람은 사실 성적도 오르지 않고 합격도 하지 못할 가능성이 큽니다.

사람들 가운데는 종종 "나는 못 해" 또는 "내겐 불가능한 일이야"와 같이 부정적으로 말하는 사람이 있습니다. 저도 도쿄대 입시를 치르기 전에는 툭하면 "난 이제 틀린 것 같아"라는 말을 입에 달고 살았습니다. 그런 말로 자신이 조금은 겸손해진 것 같다는 기분에 빠져 자기 자신을 객관적으로 보고 있다고 착각했었지요.

그런데 사실 그런 말을 하는 이유는 자기 마음이 다치지 않게 지키려는 것에 지나지 않습니다. 단지 실패했을 때를 대비한 방편이지요. 하지만 그런 말은 오히려 성공에서 멀어지게 할 뿐입니다.

변명하고 핑계 대는 걸 무조건 나쁘다고는 하지 않겠습니다. 다만 굳이 실패하는 이유를 찾아 실패해도 괜찮다고 하는 상태에 자신을 둘 필요는 없습니다. 자신을 그런 상태에 두었다가는 성공 가능성을 떨어뜨리는 결과를 초래합니다.

"내가 머리가 나빠서……" "몸이 안 좋아서……"라며 이래저래 핑계만 대다가는 정말로 공부를 안 하게 되거나 몸이 안 좋은 기분이 드는 등 말이 씨가 되는 상황이 생길 수도 있습니다.

이처럼 마음의 벽을 만드는 멘털 블록은 백해무익합니다.

부정적 발언을 몇 번 하는지 세어 보자

그렇다면 어떻게 하면 좋을까요?

간단합니다. 부정적인 말을 하지 않으면 됩니다. 예를 들어 어느 도쿄대생은 처음에 도쿄대 입시에 실패해서 재수하게 되었을 때 툭하면 부정적인 말을 입에 담았다고 합니다. "더는 안 되겠어. 어차피 내겐 무리야. 또 떨어지겠지" 하고 말이에요.

딱히 의식해서 하는 말은 아니고, 그저 입버릇처럼 저도 모르게 툭 튀어나오던 말이었는데 옆에서 지켜보던 어머니가 참다못해 결국 엄포를 놓으셨다는군요.

"네가 부정적인 말을 할 때마다 용돈을 깎을 거야."

그러자 자신이 부정적인 말을 얼마나 많이 하는지 횟수를 세게 되었고, 자연스레 자신이 무슨 말을 하는지 되돌아보는 계기가 되었다고 합니다.

그리고 결국에는 자신이 부정적인 말을 얼마나 많이

하는지를 깨닫고 반성하면서 그 뒤로 차츰 부정적인 말을 안 하게 되었다네요.

이처럼 자신의 발언을 가시화하여 들여다봄으로써 부정적으로 생각하고 말하는 일이 없도록 의식해야 합니다.

그러면 변명이나 핑계 따위 대지 않고 자기 자신과 마주할 수 있으며 물러서지 않고 맞설 수 있게 됩니다. 그리고 그제야 비로소 온전히 제힘을 발휘할 수 있게 되죠.

자신이 사물을 부정적으로 파악하여 의지나 행동을 억압해 버리는 멘털 블록을 일으키고 있는지 아닌지는 누군가가 알려주지 않는 한 모르는 경우가 많습니다.

혹시라도 그런 경향이 있을지도 모르겠다는 생각이 든다면 가족이나 친구에게 말해 두세요.

"내가 부정적으로 생각하고 말하면 그때그때마다 알려줘."

나아가 자신이 좋아하는 글귀나 긍정적 표현을 종이에 적어서 방에 붙여 두거나 스마트폰 배경화면에 띄워 두는 것도 좋은 방법입니다.

말속에 혼이 깃든다는 믿음이 있습니다. 말에는 힘이 있어서 입으로 내뱉거나 글로 써서 겉으로 드러내면 그 힘이 현실에 영향을 미칠 것이라는 믿음입니다.

먼저 자신이 좋아하는 글귀를 찾습니다. 뭐든 상관없습니다. 오래전에 본 영화의 한 장면이나 존경하는 인물이 남긴 말, 또는 만화의 한 장면을 떠올려도 좋습니다. 짤막한 글귀라도 전혀 상관없고요.

도쿄대생들에게 좋아하는 글귀를 물어봤더니 여러 가지로 참 많더라고요.

한 학생은 영화 〈파이트 클럽〉에서 브래드 피트가 열연했던 자유로운 영혼의 소유자인 타일러 더든의 다음 대사를 좋아한다더군요.

넌 이걸 알아야 해. 두려워하지는 말고. 언젠가 넌 죽을 거야. 모든 것을 잃어야 비로소 진정한 자유를 얻을 수 있어!

그는 마치 영화 속 대사에 등을 떠밀리기라도 한 것처럼 자기도 모르게 행동하는 일이 있다고 합니다.

그 밖에도 만화를 좋아한다는 한 학생은 〈강철의 연금술사〉에 나오는 "일어나 걸어라. 앞으로 나아가라"라는 주인공의 대사에 마음이 움직였다고 하더군요.

다른 학생들이 좋아하는 글귀 중에는 다음과 같은 것도 있었습니다.

자신이 없어도 믿어 보자. 망설여지면 해보자. 불안하다면 뛰어들어 보자. 무섭다면 달려 보자(일본 드라마 〈톱 캐스터〉에 나오는 대사).

오늘이 인생이다. 당신이 확신하는 유일한 인생이다. 오늘을 최대한 활용하라(데일 카네기).

딱히 뭐가 떠오르지 않는다는 사람은 명언이나 격언 혹은 고사성어를 찾아봐도 좋을 것 같습니다.

오래전부터 전해져 온 격언은 먼 옛날부터 지금에 이르기까지 통용되는 근본적인 법칙을 말합니다. 옛날부터 믿어 왔고 현대에 이르기까지 전해져 온 매우 중요한 사고방식이므로 이러한 말은 용기를 북돋아 주지요.

 STEP 1 핵심 포인트

- 효율적인 노력을 지속하려면 평소 쓰는 말을 바꿔보자.
- 부정적인 발언을 제한하고 긍정적인 말을 많이 하자.

연기하기

계속 강한 척해서 정말로 강해지자

말을 바꾸는 것과 더불어 자신의 행동을 바꿔 나가는 것도 좋습니다.

많은 사람이 감정이 행동으로 이어진다고 생각합니다. 이를테면 슬퍼서 눈물이 나온다거나 화가 나서 물건을 던진다는 식으로요.

하지만 그 반대도 있죠. 심리학에서는 이미 상식적인 얘기입니다만, 행복해서 웃는 게 아니라 웃어서 행복한 것이라고들 하잖아요.

투명 테이프로 입 꼬리를 당겨 올려 고정한 상태에서

코미디를 볼 때와 입 꼬리가 올라가지 못하도록 테이프로 고정한 상태에서 코미디를 볼 때 뇌파에 어떠한 차이가 발생하는지를 비교한 실험이 있습니다.

실험에 따르면 같은 코미디를 봐도 입 꼬리가 올라가 웃는 표정일 때 웃음을 관장하는 뇌파가 더 많이 검출되었다고 합니다. 즉 웃는 표정이 웃음의 감정을 불러일으킬 수 있다는 말입니다.

그러므로 감정을 조절하여 마음가짐을 잘 갖추기 위해서는 행동부터 바꾸는 방법이 효과적입니다.

| 강한 척 자신을 속이자 |

그러면 어떻게 행동하는 것이 좋을까요?

대학 입학시험이 됐든, 자격증 시험이 됐든, 프레젠테이션 발표가 됐든, 일정이 가까워지기 시작하면 긴장하는 경우가 많을 텐데요. 원래 긴장을 별로 하지 않는 타입인 사람이 시험 당일이 되자 분위기에 압도당해 평소 실력을 전혀 발휘하지 못할 정도로 긴장해 버린 사례도 있습니다.

이 책의 대표 저자인 니시오카 잇세이도 삼수 끝에 도쿄대에 합격했습니다. 그는 입학시험 당시 몹시 긴장한 나머지 시험을 보기 전에 화장실에 가서 토하기까지 했다더군요.

사람은 긴장을 하면 본래 가진 힘을 제대로 발휘하지 못하는 경우가 매우 많습니다.

하지만 그런 긴장 가운데서도 성과를 내는 사람이 있기 마련이죠. 그렇다면 그들은 어떻게 긴장을 풀고 있을까요?

세상에는 강하지 못한 사람이 많습니다. 그래서 긴장하고 또는 실패할지도 모른다는 생각에 불안해서 본래의 힘을 제대로 발휘하지 못합니다.

그럴 때는 강한 척 자신을 과장하거나 속이는 것도 좋은 방법입니다. 강하지 않더라도 강한 척 연기하며 태연함을 유지하는 것입니다.

| 사람은 연기하면 연기한 역할대로 되어 간다 |

"자신을 과장하고 꾸미면서까지 연기한다고 뭐가 달라지 나요?"

그렇게 생각할지도 모르겠습니다만, 연기도 의외로 쓸 모가 있습니다. 앞서 행동이 감정을 좌우한다고 설명했듯 이 행동은 인간의 정신에 영향을 미칩니다.

혹시 스탠퍼드 감옥 실험에 대해서 아시는지요?

사회심리학 역사에서 가장 유명하며 동시에 논란이 많 은 실험 중 하나입니다.

실험 참가자를 모집하여 무작위로 수감자와 교도관 그 룹으로 나눈 후 실험을 위해 만들어진 가짜 감옥에서 공 동생활을 하게 했던 실험인데요. 교도관은 교도관 복장을 하고 수감자는 당연히 죄수복을 입고 각자가 맡은 역할 을 연기합니다. 또 수감자 역할을 맡은 사람들은 실제로 경찰차를 타고 교도소에 들어가죠.

그렇게 2주간의 공동생활을 시작하는데 교도관에게는 명령하도록 하고 수감자에게는 교도관의 명령을 따르게 합니다.

물론 실험이었으므로 두 그룹 사이에 상하관계는 없습니다. 실제로 실험을 시작한 후 하루 동안은 양측 모두 곤혹스러워했습니다.

그런데 실험이 진행됨에 따라 교도관은 진짜 교도관인양 행동하고, 수감자는 진짜 죄수인 양 적극적으로 맡은 역할을 하게 되었다고 해요.

교도관 역할을 맡은 사람들이 수감자에게 무리한 명령을 내리고 권위적인 태도를 보이며 심지어는 가혹 행위까지 하게 되면서 결국 2주 예정이었던 실험은 6일 만에 중단됩니다.

이 실험에 대해서는 조작 의혹이 제기되기도 했었습니다. 진실은 밝혀지지 않았지만요. 그러나 이 실험 이야기가 세계적으로 믿어져 왔다는 것 또한 틀림없는 사실입니다.

이러한 사실을 통해서도 알 수 있듯이 사람은 자신이 연기하는 캐릭터를 진짜처럼 느끼고 그 역할대로 되어 갑니다.

연기는 성장을 촉진하는 기지개 같은 것

원래 인간은 연기하며 자신을 발전시켜 나가기 마련입니다. 나이만 먹고 철없던 어른이 정신적으로는 아직 아이처럼 부족했는데 어른이 된 척하며 어른스러운 행동을 하다 보니 어느 사이엔가 진짜 어른이 되어 있었다는 이야기도 있습니다.

연애의 경우에도 같은 사례가 있습니다. 상대방이 생각하는 이상적인 연인이 되려고 기를 쓰고 노력하다 보니 자기도 모르는 사이에 진짜 그러한 이상적인 연인이 되어 있었던 겁니다.

못 하겠다는 생각이 들다가도 할 수 있는 척 연기를 하다 보면 의외로 상황이 나아지기도 하죠.

그러니 여러분도 우등생인 척, 유능한 척, 잘하는 척 연기를 해보세요. 아무렇지 않은 척 행동하고 그런 연기를 지속하다 보면 틀림없이 순조롭게 흘러갈 겁니다.

그냥 '척'만 해도 상관없습니다. 뭔가 생각하지 못했던 일이 발생하거나 틀리더라도 초조한 얼굴을 하지 말고

냉정하고 침착한 척하면서 문제에 대처해 나갑니다. 시험에 어려운 문제가 나와도 당황하지 말고 되도록 웃는 얼굴로 "풀어 볼 맛이 나는 문제가 나왔네" 하고 웃어 보는 거죠.

그런 식으로 이상적인 자신을 연기해 가면 됩니다. 강하지 않기에 오히려 강한 척해 보는 것입니다.

제가 추천하는 방법은 예상치 못한 일이 벌어졌을 때를 대비한 루틴을 미리 정해 두는 겁니다. 이를테면 위기에 처했을 때일수록 입 꼬리를 올려 방긋 웃어 보거나 가슴에 손을 얹고 심호흡하는 것도 좋습니다.

이런 식으로 어려운 국면에서도 해결할 수 있는 소소한 방법을 궁리해 두면 위기 상황에도 잘 대처할 수 있습니다.

💡 **STEP 2 핵심 포인트**

- 행동은 사람의 마음을 바꾼다.
- 계속 강한 척을 하다 보면 자연스레 진짜 강해지게 된다.

실패를 실패라고 생각하지 않기
실패에 숨은 성장의 씨앗을 파내자

마지막은 '실패를 실패라고 생각하지 않는다'에 대해서 말해 보고자 합니다.

이야기를 시작하기에 앞서 질문을 하나 드립니다. 여러분은 100점 만점 시험에서 100점을 받은 적이 있나요?

저는 거의 없습니다. 한 문제를 실수하는 바람에 아쉽게 100점을 놓치거나 해서 만점을 받는 일이 거의 없었지요.

100점 만점에 100점을 받는다면 보통은 기뻐하게 마련이잖아요. "우와! 나 100점 맞았어" "만점을 받다니 엄청 기분 좋은데" 하고 말이죠. 그리고 다음 시험에서도 좋은 점수가 나올지도 모른다는 기대감에 발걸음도 가볍게 집으로 돌아갈 텐데요.

그런데 놀랍게도 도쿄대생은 그렇지 않습니다.

100점 만점을 받으면 시험을 잘 봤으니 기쁘지 않은 건 아니지만, 왠지 기분이 처지는 등 복잡한 심경이 된다고 하네요.

왜 도쿄대생들은 만점을 받았는데도 기뻐하지 않는 걸까요?

모의고사를 보고 기분이 우울하다면 좋은 수험생이라는 증거입니다. 반대로 시험을 잘 봤다며 마냥 기뻐하는 건 의미 없는 일이죠.

저희가 학생들에게 학습지도를 할 때도 보면 모의고사를 치른 후에 속상해하는 학생이나 "풀지 못한 문제가 있어요"라며 질문하는 학생 쪽이 오히려 나중에 성적이 향상되더군요.

그렇다면 이 학생들이 반대로 만점을 받았을 때는 어떻게 반응할까요?

"어휴, 이번 시험은 별 의미가 없었어"라며 시간 낭비한 것에 대해 아쉬워합니다.

무슨 시험이든 시험이라는 것은 자신이 잘하지 못하는 부분을 알기 위한 수단입니다. 즉 한 문제도 틀리지 않고 만점을 받았다면 단 하나도 약점을 발견하지 못했다는 말이 되죠. 결국 시험에 소비한 시간이 헛수고였다는 얘기가 됩니다.

도쿄대생은 시험에서 만점을 받으면 "다음 시험은 굳이 안 보고 싶은데"라며 시험 자체를 피하는 경향이 있습니다. 다소 극단적으로 말하자면 도쿄대생은 100점 만점보다는 0점을 받았을 때 오히려 기뻐합니다. 0점이라는 것은 100점만큼의 발전 가능성이 있다는 말이며, 그만큼의 약점이 발견되었다는 말이 되므로 나쁜 일이 아니라는 거죠.

| 경쟁에 진심 |

도쿄대생은 시험뿐 아니라 여러 가지에 대해서 지기를 싫어하고 위로 올라가려는 마음이 강합니다. 경쟁심은 도

쿄대생의 가장 큰 특징입니다.

정신적으로 발전하고자 하는 의지가 없는 사람은 어리석은
자다.

이 말은 도쿄대학교의 전신인 제국대학교를 졸업한 작
가 나쓰메 소세키가《마음》이라는 작품을 통해서 했던 말
입니다.

이 말처럼 경쟁심은 도쿄대생의 가장 큰 장점이라고
해도 지나치지 않을 것 같습니다. 입학시험 당시의 점수
를 비롯해 중간고사나 기말고사 점수 등 학력과 관련해
서는 물론이거니와 학내 체육대회를 비롯한 동아리 활동,
문화제와 같은 공부 이외의 소소한 행사에서도 매우 진
지하게 경쟁하는 경향이 있습니다.

"머리도 좋으면서 공부 아닌 다른 것에까지 저렇게 열
정을 쏟아 이기고 싶을까?" 하고 생각할지도 모르겠지만,
스포츠든 뭐든 그들은 경쟁에서 지면 진심으로 속상해합

니다.

도쿄대 합격자를 많이 배출하는 카이세이(開成)고등학교나 아자부(麻布)고등학교 같은 명문고들은 체육대회 등의 행사가 타 학교에 비해 더 활발하다는 이야기도 있습니다. 대학 입시를 코앞에 둔 고3 학생들까지도 열성적으로 참여하며 진심으로 웃고 울고 한다는군요.

이들 명문고 선생님들이 전하는 바로는 승부에 진심인 고3 학생일수록 시험을 잘 쳐서 도쿄대를 비롯한 명문대에 합격하는 경우가 많다고 합니다.

그렇다고 그들이 꼭 이기는 것만을 좋아하는 것은 아닙니다. 경쟁이 자기 성장으로 이어지기 때문에 진지하게 임할 뿐이죠.

그래서 앞서 소개한 100점 만점의 시험과 마찬가지로 체육대회에서 압승을 거뒀다고 해서 무척 기뻐하거나 자만에 빠지지도 않습니다. 이길지 질지 모르는 아슬아슬한 경쟁 자체를 좋아하는 것일 뿐이죠.

반드시 합격하는 사분면 공부법

승부를 포기하지 않는다.

이길 수 있다면 이긴다.

승부에서 지면 충분히 속상해하고, 만일 실패하더라도 끝까지 포기하지 않으며, 실패를 똑바로 마주할 수 있는 사람이 결국에는 성공합니다.

| 실패야말로 성장의 씨앗 |

이번에는 조금 다른 관점에서 얘기해 보겠습니다.

저희는 하위권 학생들의 입시 준비를 지원하며 여러 학생을 지도하고 있습니다. 그중에는 원하는 대학에 합격할 가능성이 높은 학생도 있지만 안타깝게도 합격하기 어려워 보이는 학생도 있습니다.

그래도 모두 똑같이 성장하고 있습니다. 입시를 준비하는 1년 남짓한 기간 동안 표정이 달라지고 어른이 되어 갑니다.

그들과 잠깐 얘기를 나눴을 뿐인데도 반년 전과는 많

이 달라졌음이 느껴지기도 하지요. 그만큼 입시 준비 과정은 성장을 촉진합니다.

게다가 대학에 합격한 학생보다 불합격한 학생이 인간적으로 더 성장한 모습을 보이기도 합니다. 합격한 사람은 입시 준비 과정에 대해서 합격이라는 좋은 결과를 얻어 다행이라는 정도밖에 느끼지 못합니다. 결과가 좋았으니 자신의 모든 선택과 노력이 옳았다고 생각하겠죠.

하지만 불합격한 사람은 입시 과정을 되돌아보면서 "뭐가 잘못이었을까?" "그때 어떻게 했으면 좋았을까?"를 철저히 생각합니다. 후회하고 반성하면서 어떻게 하면 좋았을까를 합격한 사람들보다 몇백 배는 더 생각하고 또 생각하지요.

그렇다 보니 입시 과정이나 시험에 대한 성찰의 질은 합격한 사람보다 불합격한 사람 쪽이 압도적으로 높습니다. 어쩌면 대학 입시를 통해 인간적으로 성장하는 사람은 합격한 사람보다 오히려 불합격한 사람 쪽일지도 모르겠습니다.

대학 입시를 게임이라고 가정하면 합격은 '게임 클리어=게임 성공'이고, 불합격은 '게임 오버=게임 실패'라고 할 수 있겠네요.

하지만 동시에 '게임 세트=게임 완료'이기도 합니다. 마지막까지 최선을 다했다면 그것은 게임 성공을 위해 마지막의 마지막까지 열심히 싸웠다는 얘기입니다.

결과적으로 마지막까지 성장할 수 있었다는 말이 되겠죠. 그렇게 생각하면 결코 실패는 아닙니다.

제가 하고 싶은 말은 실패를 '실패'라고 생각하지 말라는 점입니다. 모든 게 다 자신의 내일을 위한 식량이 될 성장의 씨앗이니까요.

💡 **STEP 3 핵심 포인트**
- -
• 사람은 진지한 경쟁을 통해 성장한다.
• 실패, 패배에 성장의 씨앗이 숨어있다.

PART 5 노력을 계속하는 습관

✏️ 강한 마음 따위 없어도 OK!

노력을 효율적으로 꾸준히 하기 위한 3단계

💡 **STEP 1 사용하는 단어를 바꾸기**

- 효율적인 노력을 지속하려면 평소 쓰는 말을 바꿔보자.
- 부정적인 발언을 제한하고 긍정적인 말을 많이 하자.

- -

💡 **STEP 2 연기하기**

- 행동은 사람의 마음을 바꾼다.
- 계속 강한 척을 하다 보면 자연스레 진짜 강해지게 된다.

- -

💡 **STEP 3 실패를 실패라고 생각하지 않기**

- 사람은 진지한 경쟁을 통해 성장한다.
- 실패, 패배에 성장의 씨앗이 숨어있다.

노력은 배신하지 않는다는 말의 진짜 의미

지금까지 읽어주셔서 대단히 감사드립니다.

어떠셨는지요? 사분면 공부법과 마인드셋에 대해서 이해가 되셨을까요? 이 책이 독자 여러분께 큰 도움이 되셨다면 정말로 기쁠 것 같습니다.

이제 여러분께 마지막으로 드리고 싶은 말이 하나 있습니다. "노력은 배신하지 않는다"라는 말에 대해서입니다.

여러분도 평소 이 말을 종종 들어보셨을 텐데요. "노력하면 반드시 어떠한 형태로든 보상을 받는다"라는 의미

로 쓰이고 있습니다만, 사실 이 말에 대해서는 찬반양론
이 팽팽합니다.

"열심히 노력해서 뭔가를 달성하려는 자체에 큰 의미
가 있으며, 단기적으로는 성공하지 못하더라도 장기적인
시야로 볼 때 노력하면 그만한 보상을 받는다"라고 노력
에 대하여 무조건 긍정적으로만 생각하는 사람이 있는가
하면, 반대로 "노력한다고 해서 반드시 성과가 나타나지
는 않는다. 노력한다고 다 보상받는 것은 아니다"라고 생
각하는 사람도 있습니다.

해보지도 않고 후회하기보다 해보고 나서 후회하는 게
낫다는 말도 흔히들 합니다만, 실제로는 '해버린 것에 대
한 후회'도 있습니다. 열심히 노력해도 보상받지 못한다
면 애초에 시작하지 않는 편이 낫지 않겠냐고 생각할 수
도 있죠.

그런 심정도 충분히 이해됩니다. 자신의 노력이 보상
받지 못할까 봐 걱정하는 것은 어떤 의미에서는 당연한
일이니까요.

그래도 가장 좋은 것은 '하고도 후회하지 않는 것'입니다.

저희는 노력은 배신하지 않는다는 말에 대해서 다음과 같이 결론을 내리고 있습니다. 설명이 부족하다고 말이죠.

물론 노력하면 언젠가는 보상을 받습니다. 하지만 노력이란 굉장히 독특한 것으로, 앞뒤 생각 없이 무턱대고 억지로 하는 의미 없는 노력은 노력이 아닙니다. 그러므로 '명확한 목적과 올바른 방향성을 가진 노력은 보상받는다'라고 해야 옳지 않을까 싶습니다.

반대로 옳지 않은 노력을 해서는 아무리 시간이 지나도 보상받지 못합니다. 목적을 달성하지 못하는 것이지요.

옳지 않은 노력은 그저 헛수고일 뿐, 아무리 애를 써도 어디에도 도달할 수 없습니다. 노력이 헛수고가 되지 않도록 올바른 방향성을 가진 노력을 해야 합니다.

그리고 올바른 방향성을 가진 노력은 공부를 하는 도중에는 알 수 없습니다.

철저하게 준비하여 무엇을 어떻게 공부할 것인지, 어떻게 공부하면 성과를 낼 수 있는지를 공부하기 전에 신중하게 생각해 두지 않으면 노력한다고 해도 의미 없는 노력이 되고 맙니다.

공부는 합리성과 효율, 즉 뇌와 신체 메커니즘이 동시에 기능하는 과학적 트레이닝이라고 합니다. 그야말로 합리적이고 효율적으로 노력하는 것이 요구되지요.

여러분이 올바른 방향성을 가진 노력을 할 수 있도록, 다시 말해 보상받지 못하는 노력을 하지 않도록 바라는 마음으로 이 책을 썼습니다.

여러분,

노력하면 반드시 보상받습니다.

자신에게 부족한 부분이나 자신이 도달하고자 하는 지점을 확실하게 파악하여 합리적이고 효율적으로 노력한다면 보상은 반드시 따라오리라 생각합니다.

그러므로 여러분, "해봤는데 후회되면 어쩌지?"라는 생각은 하지 마세요. 올바른 노력이라면 반드시 보상받을 수 있으니까요. 후회보다는 하길 잘했다는 생각을 틀림없이 하게 될 겁니다. 이 책을 통해 얻은 지식을 사용해 올바른 방향성을 가진 노력을 한다면 말이죠.

그렇게 생각하고 목표를 향해 다시 한 걸음 힘차게 내디디시길 응원하겠습니다.

명확한 목적과
올바른 방향성을 가진 노력은
보상받는다

옮긴이 고정아

일본의 국립 외국어대학교인 도쿄외국어대학교에서 일본어학을 전공했다. 유학을 마치고 돌아온 후부터 지금까지 꾸준히 기업체 대상의 일본어 통번역을 비롯해 다양한 분야의 일본 서적을 우리말로 옮기고 있다. 현재 번역가들의 모임인 '바른번역'의 회원으로 활동 중이다. 옮긴 책으로는 《기시미 이치로의 삶과 죽음》, 《책을 읽는 사람만이 손에 넣는 것》, 《문구상식》, 《향신료의 모든 것》, 《일하는 방법을 제대로 배운 건 처음입니다》, 《눈부시게 반짝이는 오트쿠튀르 자수》 등이 있다.

도쿄대생이 알려주는 초단기 고효율 학습 전략
반드시 합격하는 사분면 공부법

제1판 1쇄 인쇄 | 2024년 7월 9일
제1판 1쇄 발행 | 2024년 7월 16일

지은이 | 니시오카 잇세이 외
옮긴이 | 고정아
펴낸이 | 김수언
펴낸곳 | 한국경제신문 한경BP
책임편집 | 노민정
교정교열 | 김가현
저작권 | 박정현
홍　보 | 서은실·이여진·박도현
마케팅 | 김규형·정우연
디자인 | 장주원·권석중

주　　소 | 서울특별시 중구 청파로 463
기획출판팀 | 02-3604-590, 584
영업마케팅팀 | 02-3604-595, 562　FAX | 02-3604-599
H | http://bp.hankyung.com　E | bp@hankyung.com
F | www.facebook.com/hankyungbp
등　록 | 제 2-315(1967. 5. 15)

ISBN 978-89-475-4963-9 03370

책값은 뒤표지에 있습니다.
잘못 만들어진 책은 구입처에서 바꿔드립니다.